O coordenador
pedagógico
e a escola reflexiva

Leitura indicada

1. O coordenador pedagógico e a educação continuada
2. O coordenador pedagógico e a formação docente
3. O coordenador pedagógico e o espaço da mudança
4. O coordenador pedagógico e o cotidiano da escola
5. O coordenador pedagógico e questões da contemporaneidade
6. O coordenador pedagógico e os desafios da educação
7. O coordenador pedagógico e o atendimento à diversidade
8. O coordenador pedagógico: provocações e possibilidades de atuação
9. O coordenador pedagógico e a formação centrada na escola
10. O coordenador pedagógico no espaço escolar: articulador, formador e transformador
11. O coordenador pedagógico e o trabalho colaborativo na escola
12. O coordenador pedagógico e a legitimidade de sua atuação
13. O coordenador pedagógico e seus percursos formativos
14. O coordenador pedagógico e questões emergentes na escola
15. O coordenador pedagógico e as relações solidárias na escola
16. O coordenador pedagógico e os desafios pós-pandemia
17. O coordenador pedagógico e seu desenvolvimento profissional na educação básica
18. O coordenador pedagógico e a escola do século XXI
19. O coordenador pedagógico e a escola reflexiva

O coordenador pedagógico e a escola reflexiva

Laurinda Ramalho de Almeida
Vera Maria Nigro de Souza Placco
Vera Lucia Trevisan de Souza
ORGANIZADORAS

Adriana Bulbovas Melo
Alessandra Olivieri Santos
Antonio Carlos Caruso Ronca
Fátima Cristina Durante Lazarotto
Fernanda Coelho Liberali
Iara Gonçalves de Aguiar Sant'Anna
Laurinda Ramalho de Almeida
Laurizete Ferragut Passos
Leticia Sodré
Lisandra Paes
Magali Aparecida Silvestre
Magda Machado Ribeiro Venancio
Paulo Luiz Vieira
Priscila Gabriela Costa
Sandra Santella Sousa
Tizuko Morchida Kishimoto
Vera Lucia Trevisan de Souza
Vera Maria Nigro de Souza Placco

Edições Loyola

Dados Internacionais de Catalogação na Publicação (CIP)
(Câmara Brasileira do Livro, SP, Brasil)

O coordenador pedagógico e a escola reflexiva / organizadoras Laurinda Ramalho de Almeida, Vera Maria Nigro de Souza Placco, Vera Lucia Trevisan de Souza. -- São Paulo : Edições Loyola, 2024. -- (Trabalho pedagógico ; 19)

Vários autores.
ISBN 978-65-5504-395-2

1. Ambiente escolar 2. Coordenadores pedagógicos 3. Educação 4. Educação - Finalidades e objetivos 5. Escolas - Organização e administração 6. Professores - Formação I. Almeida, Laurinda Ramalho de. II. Placco, Vera Maria Nigro de Souza. III. Souza, Vera Lucia Trevisan de. IV. Série.

24-220765   CDD-370.71

Índices para catálogo sistemático:
1. Coordenadores pedagógicos : Educação   370.71

Tábata Alves da Silva - Bibliotecária - CRB-8/9253

Conselho Editorial:
Antonio Carlos Caruso Ronca – PUC-SP
Ecleide Cunico Furlanetto – UNICID
Emília Freitas de Lima – UFSCAR
Idméa Semeghini Próspero Machado de Siqueira – FEUSP
Jeanny Meiry Sombra Silva – UNITALO
Laurinda Ramalho de Almeida – PUC-SP
Laurizete Ferragut Passos – PUC-SP
Magali Aparecida Silvestre – UNIFESP
Marili Moreira da Silva Vieira – UPM
Rafael Conde Barbosa – UPM
Rodnei Pereira – UNICID – FCC
Vera Lucia Trevisan de Souza – PUC-CAMP
Vera Maria Nigro de Souza Placco – PUC-SP
Capa: Ronaldo Hideo Inoue
(execução a partir do projeto gráfico [modificado] de Maria Clara R. Oliveira)
Diagramação: Telma Custódio

A revisão do texto desta obra é de total responsabilidade de seus autores.

Edições Loyola Jesuítas
Rua 1822 n° 341 – Ipiranga
04216-000 São Paulo, SP
T 55 11 3385 8500/8501, 2063 4275
editorial@loyola.com.br
vendas@loyola.com.br
www.loyola.com.br

Todos os direitos reservados. Nenhuma parte desta obra pode ser reproduzida ou transmitida por qualquer forma e/ou quaisquer meios (eletrônico ou mecânico, incluindo fotocópia e gravação) ou arquivada em qualquer sistema ou banco de dados sem permissão escrita da Editora.

ISBN 978-65-5504-395-2

© EDIÇÕES LOYOLA, São Paulo, Brasil, 2024

Sumário

Apresentação 7

O Coordenador Pedagógico e o Olhar para as
Dimensões Formativas na Escola:
investindo no processo reflexivo 9
Vera Maria Nigro de Souza Placco
Vera Lucia Trevisan de Souza

O Coordenador Pedagógico e Escolas que Refletiram
sobre Si Mesmas 25
Laurinda Ramalho de Almeida

O Sentido do Trabalho do Coordenador Pedagógico
e a Escola Reflexiva:
processos de articulação, formação e transformação 45
Paulo Luiz Vieira
Magali Aparecida Silvestre

Caminhos e Obstáculos para uma Cultura de Reflexão na Escola:
a visão de professores e coordenadores 67
Leticia Sodré
Tizuko Morchida Kishimoto

A Escola Reflexiva e a Formação Docente para a atuação
com Estudantes com Deficiência:
saberes não sabidos ou saberes não reconhecidos? 87
Iara Gonçalves de Aguiar Sant'Anna
Laurinda Ramalho de Almeida

Autoavaliação como Estratégia para a (Trans)formação
do Docente e do Coordenador Pedagógico 105
Adriana Bulbovas Melo
Vera Maria Nigro de Souza Placco

Formação Engajada:
a arte como instrumento de transformação... 121
Sandra Santella Sousa
Fernanda Coelho Liberali

Os memoriais e a formação reflexiva do
Coordenador Pedagógico da Educação Infantil:
entre o singular e o plural.. 141
Alessandra Olivieri Santos
Laurizete Ferragut Passos

A Reflexão como Mediadora da Mudança na/da Escola................ 161
Magda Machado Ribeiro Venancio
Vera Lucia Trevisan de Souza

O Coordenador Pedagógico atuando na Formação de
Professores Reflexivos:
relato de uma Partilha de Saberes... 179
Antonio Carlos Caruso Ronca
Fátima Cristina Durante Lazarotto
Priscila Gabriela Costa

A Escola Reflexiva como Instrumento de Resistência:
a Força do Coletivo de Profissionais do Ensino Médio
da Cidade de São Paulo... 197
Lisandra Paes

Apresentação

O livro que você tem em mãos é o décimo nono da coleção *O Coordenador Pedagógico*, que vimos organizando pela editora Loyola há vinte e quatro anos. Ao longo desse tempo, muitas questões, com variados enfoques, têm sido abordadas em cada livro, as quais têm buscado abarcar as demandas que se apresentam à escola e à função do CP, ou abordar temáticas decorrentes de acontecimentos que afetam a escola. Contudo, se há algo que se pode identificar como recorrente em todas as edições é o compromisso assumido pelas organizadoras e, por conseguinte, pelas (os) autoras (es) dos capítulos: a dimensão reflexiva como característica das produções. Isto porque, mais do que oferecer modelos de práticas ou teorias sobre a coordenação pedagógica, o que se busca é contribuir para a criação de oportunidades que favoreçam a reflexão, visto sua potência para promover mudanças.

Essa postura/objetivo anuncia a razão de um livro com o tema específico da escola reflexiva, relacionado à ação do Coordenador pedagógico, como o formador de formadores por excelência em nossas escolas. Sua ação, circunscrita ao que anunciamos como articuladora, formadora e transformadora, lhe confere responsabilidade e compromisso com as finalidades da escola, com o projeto político pedagógico desta e com a mediação das relações pessoais e profissionais dos educadores entre si e destes com os educandos.

Destacam-se, neste volume da coletânea, como experiências reflexivas os saberes do CP, a investigação da própria prática, os registros, os memoriais da formação, a autoavaliação formativa, as dimensões formativas, a formação engajada, a cultura de reflexão na escola, e a resistência e luta pelas experiências exitosas.

Tudo isso é pouco, se não tivermos o investimento de políticas públicas voltadas à formação e à ação do CP. Esse investimento e a consciência de nossa potência fazem parte da luta das educadoras que somos!

São Paulo, julho de 2024.

Laurinda Ramalho de Almeida
Vera Maria Nigro de Souza Placco
Vera Lucia Trevisan de Souza
Organizadoras

O Coordenador Pedagógico e o Olhar para as Dimensões Formativas na Escola: investindo no processo reflexivo

Vera Maria Nigro de Souza Placco[1]
(veraplacco7@gmail.com)
Vera Lucia Trevisan de Souza[2]
(vera.trevisan@uol.com.br)

Ponto de partida para a ação reflexiva: à guisa de conceitos e princípios

Por que falar de reflexão na escola? Qual seu papel na mediação das questões que atravessam a vida dos atores escolares? Quem deve promovê-la? Quem deve se envolver no processo reflexivo na escola?

Importa iniciar o presente capítulo com um sobrevoo sobre a ideia de reflexão. Já há algum tempo, no campo da educação, passou-se a utilizar essa expressão em diferentes situações, com diferentes objetivos e envolvendo públicos diversos. Entretanto, a reflexão passou a ser condição para o exercício da educação, ideia inspirada em vários estudiosos e autores da área, que a defendem

---

1. Doutora em Educação: Psicologia da Educação da PUC-SP. Pós-doutorado em Psicologia Social, na École des Hautes Études en Sciences Sociales, Paris, França. Professora titular dos Programas de Pós-graduação em Educação: Psicologia da Educação e Educação: Formação de Formadores, na Pontifícia Universidade Católica de São Paulo – PUC-SP.
2. Doutora em Educação: Psicologia da Educação da PUC-SP. Professora da Faculdade de Psicologia e do Programa de Pós-graduação em Psicologia, na Pontifícia Universidade Católica de Campinas – PUC-Campinas.

como ação que favorece a mudança, a implementação de práticas mais efetivas. No campo da formação de professores, a reflexão chega a dar nome aos cursos ou às ações formativas pontuais (momentos de formação), se já não fazem parte, intencionalmente ou não, dos momentos da pauta praticada nos encontros.

Tal status que a reflexão adquiriu na escola e em suas atividades a alçou a uma generalidade, ou seja, todos entendem do que se trata e ela se constitui como ponto de partida e de chegada, além de estar no centro do processo de ensino-aprendizagem. Se concordarmos com esse papel que a reflexão assumiu na escola, podemos considerar que ela corre o risco de ser naturalizada, de ser exercida mecanicamente, caso não a problematizemos para chegar às suas bases, compreendê-la e então poder, nos espaços de formação, promovê-la.

Mas qual o significado de reflexão?

No dicionário de filosofia (Lalande, 1993), encontramos algumas definições que nos parecem potentes para o enfoque que queremos dar a este capítulo: "cuidado que se tem em relação ao próprio processo de entendimento; atenção aos eventos da consciência e ao plano das ideias; o ato ou o processo por meio do qual o homem considera suas próprias ações". No dicionário de sinônimos, encontramos uma definição interessante: "ação de pensar demorada e ponderadamente para melhor compreender as causas ou razões de um fato, evitando juízo precipitado e comportamento impulsivo". Ou seja, quer se trate de um dicionário especializado ou do dicionário de sinônimos[3], o ato de refletir remete ao processo de entendimento das próprias ações, buscando compreender as razões de sua manifestação e seu impacto nos outros da relação, o que remete ao processo de conscientização.

Também chama a atenção a dimensão temporal assinalada por uma das definições – trata-se de ação demorada; e a sua qualidade – ponderada – ou seja, é um tipo de ação que se afasta do pragma-

---

3. Dicionário Brasileiro de Língua Portuguesa *on-line* – Disponível em: https://michaelis.uol.com.br/moderno-portugues/busca/portugues-brasileiro/reflex%-C3%A3o/. Acesso em 20/06/2024, às 14h48.

tismo da vida cotidiana, que demanda de nós respostas imediatas às situações que vivemos. Refletir, então, desta perspectiva, implica certo distanciamento da situação, demandando um afastamento, ainda que breve, para abstrair o vivido/sentido e poder questioná-lo, visando ao aprofundamento de sua compreensão.

Esta última observação justifica a necessidade da reflexão nas práticas escolares, em geral caracterizadas por rotinas cristalizadas, que por vezes repetem as mesmas atividades e ações, ou, no caso da formação, seguem roteiros e modelos propostos por instâncias administrativas e pedagógicas de fora da escola.

No que concerne ao desenvolvimento da ação reflexiva no sujeito, cabe remontar ao próprio processo de desenvolvimento que a concebe como atividade psíquica que demanda várias Funções Psicológicas Superiores, como o pensamento, a linguagem, a imaginação, só para citar algumas. A reflexão, segundo Vygotsky (2000/1929), deriva das interações sociais, assim como todas as demais Funções Psicológicas Superiores. Isto porque, para o autor, as experiências vividas no âmbito das interações sociais são apropriadas pelo sujeito, segundo suas significações e passam a constituir seu próprio modo de experenciar o mundo, em sua ação ou compreensão. Nesta perspectiva, nos relacionamos conosco mesmos de acordo com o modo como os outros do nosso entorno se relacionaram conosco (Vygotsky, 2000/1929).

Em específico sobre a reflexão e seu desenvolvimento, segundo essa perspectiva do papel do meio como fonte de desenvolvimento do sujeito, é possível dizer que ela nasce das práticas dialógicas que empreendemos, ou seja, das situações sociais em que o questionamento está presente, em que somos interpelados pelo outro e o interpelamos. Ou seja, as situações de perguntar e responder, falar e ouvir vão construindo as formas de pensamento com características reflexivas. Isto porque, para Vygotsky (2000/1929), toda palavra é um comando: ao dizer algo a alguém, demandamos uma resposta que se constitui como outro comando e, assim, o diálogo se institui.

Consoante a esta compreensão, os diálogos praticados no social passam a constituir formas de pensamento justamente pela dimensão de comando da palavra que, a princípio, no social, se dirigia ao outro para, depois, no próprio sujeito, dirigir-se a si mesmo.

Essa compreensão nos conduz a atribuir grande relevância às interações, às práticas dialógicas e questionar: em que medida elas têm tido lugar nas escolas, na relação professor-aluno e, na formação, na relação formador-professores?

Esses questionamentos conduzem a um outro, central para o propósito do presente capítulo: quando falamos em reflexão na formação de professores, quais as características dessa prática? Questão que implica olhar para os tempos reservados na formação para a reflexão, para o voltar-se para si próprio e examinar suas ações e pensamentos, para se confrontar com o pensamento e a própria reflexão dos outros – pares e formador. São sobre essas questões que buscamos, de modo análogo ao nosso tema, refletir sobre o papel da reflexão nas práticas escolares em geral, e na formação de professores em específico.

O impacto das crises sanitárias e climáticas nas vidas e identidades: o que compete à escola e à formação

Mencionamos anteriormente, em algumas de nossas recentes produções (Placco; Souza, 2021; Placco; Souza, 2023; Placco; Souza, 2024; Souza, 2022; Branco; Souza; Arinelli, 2022), o impacto que a crise sanitária vivida recentemente por ocorrência da Covid-19 tem causado na vida de alunos, professores, e todos os demais participantes da comunidade escolar. Foram muitos prejuízos de aprendizagem que ainda levarão tempo para serem recuperados, mas, principalmente, sofrimentos decorrentes de perdas de vidas humanas, de trabalho e renda, de relações interpessoais, dentre outros. Esse sofrimento resultou em transtornos emocionais que ainda persistem no contexto escolar, e se manifestam em forma de ansiedade, depressão, autolesão, violência física e psicológica, dentre muitos outros sintomas que oferecem desafios à gestão escolar e aos professores para seu enfrentamento e encaminhamento.

Passados dois anos do retorno da escola ao funcionamento normal e do abandono quase total das medidas sanitárias, tais como uso de máscara e afastamento social, ainda persiste na escola marcas do vivido, o que demanda de nós pensar formas de enfrentar as questões emocionais que emergem cotidianamente nas salas de aulas, pátios e corredores, como a violência, por exemplo. Nesse contexto, por vezes, toma-se quase o tempo integral das aulas para o acolhimento e encaminhamento dessas ocorrências, produzindo mal-estar em face da impotência e do não saber como agir nessas situações. Essas experiências revelam desafios à formação que necessitam ser enfrentados urgentemente. Como lidar com essas questões? A quem cabe agir? Qual o papel do CP? E dos professores?

Não obstante se busque avançar em relação a essas demandas originadas do isolamento social, frequentemente emergem outros desastres ou conflitos, mais próximos ou mais distantes, que também afetam as pessoas e se manifestam nas relações escolares, como a polarização política e ataques nas redes sociais, as guerras, eventos climáticos, como a recente enchente no Rio Grande do Sul, somente para citar alguns. No âmbito mais privativo, o *bullying*, o *cyber bullying*, a exploração sexual de menores, a violação de direitos à privacidade. Enfim, sem a pretensão de dar conta de todas essas questões que são sociais e permeiam as relações escolares, apenas queremos chamar a atenção para o fato de que todos esses fenômenos interferem no modo de ser, pensar, sentir, se emocionar, viver das pessoas, afetando seus modos de agir e se colocar nas situações.

Essas vivências, sem dúvida, produzem sofrimento, pois é impossível assistir a essas situações extensamente publicizadas na mídia sem se comover e cabe questionar qual o papel da escola em relação ao movimento dialético permanente dos fenômenos na sociedade. Pensamos que esse movimento necessita ser contemplado nos currículos, sobretudo da formação de profissionais educadores, pois a escola não pode se colocar a parte dos acontecimentos, visto o papel ético-político que possui e não pode dele se eximir.

Compreender o papel dos afetos na educação é uma necessidade emergente e urgente a ser enfrentada por aqueles que vão lidar com o sofrimento em sua ação profissional. Não o afeto entendido como *gosto* ou *não gosto*, ou como carinho, mas o afeto como função psicológica que está na base de toda ação e pensamento, como, por exemplo, da reflexão. Não há reflexão possível se não houver sentido na ação de refletir, e o sentido é da ordem do afetivo, é ele que mobiliza à ação. Como planejar/desenvolver uma formação que faça sentido para os professores e para o CP, o próprio formador?

Uma das interpretações possíveis para comportamentos depressivos (que é diferente da depressão como adoecimento, mas um importante indicador que pode conduzir à depressão e, portanto, requer atenção) é a falta de sentido. Sabe-se, por exemplo, em recentes pesquisas sobre a atuação de professores (Gonçalves, 2023) que um alto índice de afastamentos por adoecimento nas redes de ensino decorre de depressão ou outros transtornos mentais. Sabemos também que a primeira forma de manifestação de comportamentos depressivos é a tristeza persistente, visível na expressão da pessoa. Segundo Spinoza (2009), um filósofo que discorre sobre a ética dos afetos no século XVII e que inspirou Vygotsky em seus estudos sobre as emoções, há dois afetos básicos somente: a alegria e a tristeza. Todos os demais derivam desses dois. Os afetos alegres criam potência de ação, movem a pessoa adiante, rumo à superação da dificuldade ou mesmo da alienação. Os afetos tristes levam a pessoa a padecer e, no padecimento, ela não se move, apenas persiste na existência. Entretanto, não se trata de ser alegre o tempo todo ou ser só alegre. O que se deve buscar é o equilíbrio entre esses dois afetos. A grande questão é como dimensionar esse equilíbrio frente a tantas crises: sanitárias, climáticas, ambientais, econômicas, sociais, enfim. Como lidar com o sofrimento? Quais nossos espaços e possibilidades de respiros? Como compartilhar alegrias na formação?

Nós acreditamos que a arte é uma forma de respiro e a temos proposto como instrumento importante no favorecimento da expressão de emoções e sua elaboração, assim como na promoção da reflexão (Placco; Souza, 2023; Placco; Souza, 2024; Souza; Placco, 2017; Souza; Placco, 2023; Souza; Dugnani; Reis, 2018). Reflexão fundamental para que se tenha clareza sobre os acontecimentos que estão afetando nossa forma de sentir/agir, e encontrar maneiras de dialogar com nossos pares, com os estudantes, com as famílias, de modo a favorecer novas significações, na medida em que se compreende as causas, os responsáveis, as consequências das crises climáticas, por exemplo, ou da violência que aporta na escola.

O caráter reflexivo da formação: problematizando dimensões e apontando desafios

Movidas pelo compromisso com a formação de educadores, temos nos aprofundado na discussão sobre os caminhos para o alcance de princípios e formas de organizar itinerários formativos mais adequados. E nos encontramos diante das questões, para nós essenciais, da formação: itinerários formativos mais adequados para quê, para quem? E como organizá-los? Quais aspectos considerar para a formação?

Nossos escritos anteriores têm mostrado que a questão básica da formação ocorre em torno da constituição identitária do formador e do formando (Placco; Souza, 2010, 2015, 2021, 2023, 2024; Souza; Placco, 2017, 2021).

Assim, as necessidades formativas dos participantes devem ser estudadas, para que situações pertinentes sejam criadas, ativadas, provocadas, de modo a despertar seus processos reflexivos, uma vez que consideramos essencial a reflexão como mediação da consciência de si, do outro e do meio social, para que cada indivíduo possa se autorregular e fazer escolhas identitárias pertinente à sua visão de aluno, de educação, de sociedade e cidadania responsável.

Além disso, os itinerários formativos não podem prescindir de possibilitar relação com fenômenos e situações que passam a nos constituir, sejam materiais ou relacionais, como a estrutura da escola, sua organização, o currículo escolar, as relações de vizinhança e comunitárias, os recursos disponíveis e outros. Essa percepção e a consciência do que nos cerca é material importante para que escolhas pedagógicas sejam pensadas em função das grandes finalidades que direcionam esses processos. Escolhas que devem incluir, necessariamente, a reflexão como ação que favorece a constituição identitária dos educadores envolvidos no processo de formação.

Analisando as informações recentes sobre o papel do CP, identificamos uma demanda, pré-existente, mas com novos contornos e significados, em função, dentre outras coisas, da recente pandemia do coronavírus, e suas consequências, como já mencionamos anteriormente, dos recentes desastres climáticos, dentre outros fenômenos e acontecimentos que afetam nosso país e o mundo. Nesse contexto, o CP precisa se preparar para lidar com sofrimentos, perdas e ameaças aos sujeitos e seu desenvolvimento, que produzem transtornos emocionais em professores, alunos e famílias. Nessas situações, os CP, muitas vezes, têm de sufocar seus próprios medos, suas perdas e lutos, além de enfrentar suas inseguranças, seu "não saber" como agir para ajudar e dar suporte a tantas dores.

Frente a essa nova demanda de natureza afetiva, faz-se necessário pensar a formação do olhar sensível do CP: como contemplar, na formação e na relação com os professores, no cotidiano escolar, espaços e formas para favorecer a construção de um olhar que incorpore as demandas afetivas dos estudantes, sem perder de vista o ensino e a aprendizagem? Como acolher o sofrimento dos próprios professores lançando mão da reflexão para sua elaboração?

Para a formação do CP quanto às suas habilidades em relação a esse olhar sensível e diferenciado, consideramos, neste artigo, retomar algumas ideias e propostas que estão latentes quando analisamos os seres humanos que somos e os seres humanos que queremos formar. Para isso, faz-se necessário perguntarmos: quem é o formador? Sabemos que ser formador envolve os conhecimentos pedagógicos que ele conhece e constrói, mas sabemos também que envolve outros conhecimentos, como os relacionados ao meio em que vai atuar, a escola, sua gestão, seus pares, professores, alunos, famílias, comunidade. Mas, envolve também – e de maneira notável – as relações interpessoais, os relacionamentos construídos nas e pelas interações que desenvolve com as pessoas de seu entorno – gestores, pares, professores, funcionários, alunos, famílias, membros da comunidade do entorno, membros das diversas instâncias do sistema ao qual pertence a unidade educacional em que atua. E essas interações devem integrar os aspectos sociais, afetivos e cognitivos de cada pessoa envolvida. No entanto, nem a formação inicial, nem a formação continuada dão conta desses aspectos relacionais, afetivos e sociais, centrando suas ações nos aspectos cognitivos – e, mesmo em relação a esses, nem sempre se preocupando com os afetos e sociabilidades a eles relacionados – respeito mútuo, autonomia, responsabilidade, curiosidade intelectual, criatividade e habilidades para trabalhos colaborativos.

E isso ocorre porque os formadores não se dirigem à inteireza do formando, isto é, a todas e cada uma das dimensões que os constituem a ambos: formador e formando.

Em nossa tese de doutorado (Placco, 1992), refletindo sobre a formação de formadores, demo-nos conta da importância de considerarmos esses profissionais em sua inteireza, em sua multiplicidade dimensional, partindo do fato de que sua formação vinha sendo realizada (quando o era) na perspectiva cognitiva da compreensão do conteúdo teórico relacionado às concepções e teorias vigentes e às maneiras "objetivas" de trabalhar esses conteúdos, isto é, às metodologias e estratégias de transmissão desses conteúdos aos alunos. Nesse contexto, naquele momento, propusemos algumas dimensões – técnica, humano-interacional e política, compreendidas como inerentes ao funcionamento humano e, portanto, a ações em que essas dimensões atuassem sincronicamente, atravessadas pela dimensão ética.

Essa compreensão nos levou a propor o conceito de **sincronicidade** como: *"ocorrência crítica de componentes políticos, humano-interacionais e técnicos", que "se traduzem em movimento que é ação de e entre professor-aluno-realidade"* (Placco, 1992, p. 18; Placco,

2002). Queríamos transmitir algumas ideias e princípios em relação à maneira pela qual as dimensões propostas interagem, se entrelaçando e separando, a cada momento, de maneira original e única, na ação e formação das pessoas. Sem perder de vista que a vivência dessas dimensões, pelo formador, é um processo interno, contínuo e simultâneo, fundindo-se em sua práxis, o que implica ser vivida de maneira consciente e crítica.

Ao longo dos anos, a complexidade do ser humano e dos processos formativos nos mostrou a necessidade de, didaticamente, desdobrarmos as dimensões, de modo a pensarmos em diferentes componentes do humano que estão presentes, em cada ação ou relação de formadores e formandos. Assim, paulatinamente – a cada palestra, mesa redonda, aula ou contato com profissionais da educação, a cada orientação de mestrado e doutorado, questionamentos ou sugestões surgiram, no que entendemos ser aprofundamentos ou destaques em relação às dimensões originais: técnica, humano-interacional e política, atravessadas pela ética. Surgem, então, de 1992 até hoje, as seguintes dimensões: da formação continuada, da avaliação, técnico-científica, dos saberes para ensinar, dos saberes para viver em sociedade, do trabalho coletivo, da experiência, do espaço-lugar, estética, cultural, para a prevenção, humano-interacional, do corpo-movimento, da diversidade, do autoconhecimento, comunicacional, transcendental, crítico-reflexiva, da formação identitária, ainda atravessadas pela dimensão ético-política. É importante ressaltar que essa multiplicidade se constituiu, para nós, em diretriz importante para a proposição de formações/itinerários formativos que tivessem essa amplitude – abranger, em cada ação formativa proposta, a multiplicidade e inteireza do formador e do formando.

Pereira, em sua tese de doutorado (2017, p. 100), ao utilizar as dimensões disponíveis naquele momento, as apresenta na Figura 1, como um caleidoscópio que representa o movimento, a dinamicidade e sincronicidade das múltiplas dimensões, na formação, expondo, além do mais, sua sugestão de uma nova dimensão – do espaço-lugar.

FIGURA 1. Multidimensionalidade da formação do professor (adaptado de Placco, 2015)

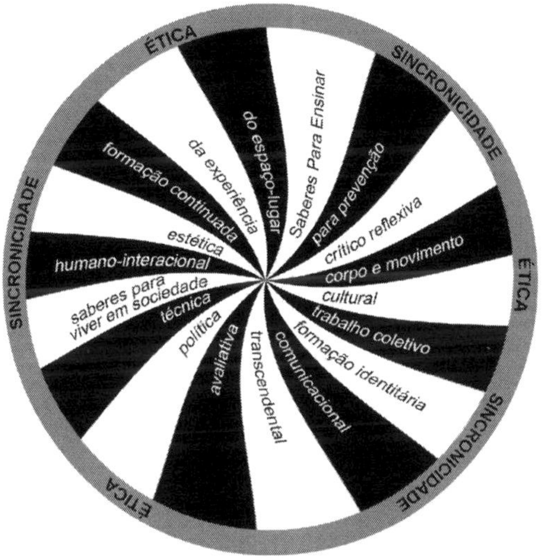

Fonte: Pereira, 2017, p. 100 (adaptado de Placco, 2015).

Em nossa tese e outros escritos (Placco, 2002; 2005; 2015), procuramos deixar claro que qualquer processo formativo provoca o desenvolvimento do professor em múltiplas dimensões, mesmo que o formador não só não tenha a complexidade dessas dimensões como proposta, como pode, com frequência, nem se aperceber que esse desenvolvimento aconteceu. No entanto, as dimensões, no sujeito e na formação, não são compartimentadas, nem isoladas, nem complementares. Não têm expressão em si mesmas, mas se revelam pela inteireza de suas relações de coocorrência ou simultaneidade, pelas relações dialéticas que estabelecem umas com as outras; que se revelam ainda pelo relevo alternado entre elas, na ação do professor e do formador, em função do momento e das circunstâncias. Nesse sentido, essas dimensões estão essencial e significativamente relacionadas à intencionalidade do formador e, se há consciência da sincronicidade, no formador e nos formandos, é muito provável que estes consigam articular saberes, mobilizar pensamentos e afetos, envolver-se e envolver os

19

demais em suas práticas formativas. Assim, as questões teóricas, políticas, humanas, interacionais e técnicas necessitam ser vivenciadas em equilíbrio dinâmico, sendo atendidas as demandas formativas identificadas.

Ao propormos a sincronicidade e as dimensões como eixos norteadores para a práxis do formador, defendemos a ideia de que a consciência quanto a esses eixos pode ser construída no formador e no formando, em seus processos reflexivos e formativos. Faz parte da formação identitária de ambos, pois todos esses processos e dimensões constituem a identidade de cada profissional, nas ações e relações de sua vida e seu trabalho.

Assim, é um processo formativo que, necessariamente, deve se preocupar com a consciência da sincronicidade em ambos os envolvidos: formador e formando, o que demanda um processo reflexivo permanente.

Um processo reflexivo que intenciona provocar mudanças e tem na base a necessidade de se criarem espaços nos quais o formador, ao reconhecer a multiplicidade de dimensões, em sua ação, realize não um trabalho individualizado, mas o construa com os demais membros da instituição escolar – gestores, formadores e formandos. Logo, provocar a mudança, pelo trabalho coletivo, na instituição formadora ou no trabalho, por meio de: embate das ideias e das concepções; analisando e cuidando dos movimentos de rejeição, de medo e de adesão dos formandos e formadores; construindo práticas formativas transformadoras e sugerindo inovações curriculares; articulando as mudanças propostas com a história e com as necessidades do grupo, com processos formativos possíveis, com novos olhares para a realidade da escola e da sala de aula. A mediação que põe esses processos em movimento é a reflexão, exercida por todos os participantes, formadores e educadores.

Considerações finais

Propusemo-nos, neste texto, nos perguntar: quem é o formador? Acentuamos, inicialmente, nossa escolha por um formador que atua na realidade da escola, formando-se e aos seus professores – o CP. Indicamos nossa posição em relação à compreensão da formação como um processo interacional profundo, em que pessoas inteiras se relacionam para a promoção do seu desenvolvimento integral e profissional mútuo. Não se trata de um momento de "aula" ou de "conversa", mas de um processo contínuo de trocas profundas e refletidas sobre seu ser, seu agir, seu sentir, em relação a finalidades que ambos – formadores e formandos – definem como essenciais para sua vida e seu trabalho.

Para isso, enfatizamos que dois processos são essenciais – a reflexão, que favorece um olhar sensível de ambos, uns para os outros, o que implica a segunda condição, isto é, o conhecimento e a compreensão visceral da inteireza, multiplicidade e complexidade do outro – o que possibilita a formação de ambos, formador e formando.

Nesse sentido, este texto convida cada leitora/leitor a um estudo cuidadoso e amplo sobre reflexão e sobre a reflexão acerca da multidimensionalidade desse ser humano, que precisa ser compreendido e atendido, com responsabilidade, em nossas atividades formativas.

Assim, ser formador envolve os conhecimentos pedagógicos, científicos, psicológicos e sociais, e exige pensar o outro em sua multidimensionalidade e inteireza, principalmente neste momento em que tantas mudanças são vividas na sociedade e, especialmente, em nossas escolas. Os relacionamentos construídos nas e pelas interações vividas nesse espaço são a base para qualquer processo formativo.

A formação se configura sempre por meio de pessoas em relação, e se, nesse processo, se considerar o conjunto de dimensões e sua sincronicidade, constrói-se um espaço individual e coletivo de reflexões e desenvolvimento de formadores e formandos.

Se outras perspectivas e dimensões além das cognitivas não forem consideradas, nos processos formativos, não haverá resultados ou repercussões no próprio sujeito a ser formado e, consequentemente, em sua prática cotidiana. Assim, são processos a serem vividos de maneira consciente, crítica e reflexiva.

A formação do professor e do formador, se fundamentada no olhar para a multidimensionalidade e a sincronicidade, possibilita a atribuição de "um significado novo aos confrontos vividos e refletidos no cotidiano escolar" (Placco, 2002, p. 121).

E entendemos que considerar esses enfoques e criar novas realidades para a escola e para os profissionais e alunos é a principal responsabilidade das pessoas pertencentes à escola, pois a ruptura não se dá nos âmbitos legais, externos, mas no âmbito interno, isto é, na mudança das atitudes e ações dessas pessoas.

Isso nos leva a pensar nos caminhos para essa mudança e na quebra de paradigmas: os processos reflexivos dos profissionais da educação e a possibilidade de uma escola verdadeiramente reflexiva.

Referências

BRANCO, S.; SOUZA, V. L. T; ARINELLI, G. S. Isolamento social, pandemia e a atividade docente: Significações sobre o ensino remoto. *Rev. psicopedag.* [online], v. 39, n. 120 (2022) p. 320-331. Disponível em: http://pepsic.bvsalud.org/scielo. php?script=sci_arttext&pid=S0103-4862022000300003&lng=pt&nrm=iso. ISSN 0103-8486. Acesso em: 19 jun. 2024.

DICIONÁRIO BRASILEIRO de LÍNGUA PORTUGUESA *on-line*. Disponível em: https://michaelis.uol.com.br/moderno-portugues/busca/portugues-brasileiro/reflex%C3%A3o/. Acesso em: 20 jun. 2024.

GONÇALVES, R. S. A síndrome de burnout em professores: sua relação com a satisfação no trabalho, fatores sociodemográficos e organizacionais. 2023. 78 f. Dissertação (Mestrado Interdisciplinar em Ciências da Saúde) – Instituto de Saúde e Sociedade, Universidade Federal de São Paulo, Santos, 2023.

LALANDE, A. *Vocabulário Técnico e Crítico de Filosofia*. Tradução por Fátima Sá Correia et al. São Paulo: Martins Fontes, 1993.

PEREIRA, R. *O desenvolvimento profissional de um grupo de coordenadoras pedagógicas iniciantes: movimentos e indícios de aprendizagem coletiva, a partir de uma pesquisa-formação*. Tese (Doutorado em Educação) – Educação: Psicologia da Educação, Pontifícia Universidade Católica de São Paulo, 2017.

PLACCO, V. M. N. S. *Formação de Orientadores Educacionais: Questionamento da Sincronicidade Consciente e Confronto com a Mudança*. Tese (Doutorado em Educação) – Educação: Psicologia da Educação, Pontifícia Universidade Católica de São Paulo, 1992.

_____. *Formação e Prática do Orientador e do Educador*. Campinas: Papirus, ^{5}2002 [1994].

_____. A multidimensionalidade sincrônica da didática e da formação do professor. In: ROMANOWSKI, J. P.; MARTINS, P. L. O.; JUNQUEIRA, S. R. A. (org.) *Conhecimento Local e conhecimento universal: práticas sociais: aulas, saberes e políticas*, v. 5. Curitiba: Champagnat, 2005, p. 95-104.

_____. Perspectivas e Dimensões da Formação e do Trabalho do Professor. In: SILVA, A. M. M.; MACHADO, L. B.; MELO, M. M. O.; AGUIAR, M. C. C. (org.) *Educação Formal e Não Formal, Processos Formativos, Saberes Pedagógicos: Desafios para a Inclusão Social*. Recife: Bagaço, 2006, p. 251-262.

PLACCO, V. M. N. S.; SOUZA, V. L. T. de. Identidade de Professores: considerações críticas sobre perspectivas teóricas e suas possibilidades na pesquisa. In: CORDEIRO, A. F. N.; HOBOLD, M. S.; AGUIAR, M. A. L. (org.) *Trabalho Docente: formação, práticas e pesquisa*. Joinville: Univille, 2010, p. 79-99.

_____. (org.) *Aprendizagem do Adulto Professor*. São Paulo: Loyola, ²2015 [2006].

_____. A ação da coordenação pedagógica em tempos de pandemia: (re) pensando o plano de ação e a formação. In: PLACCO, V. M. N. S.; ALMEIDA, L. R. de. (org.) *O coordenador pedagógico e o enfrentamento pedagógico à pandemia*, v. 1. São Paulo: Loyola, 2021, p. 9-22.

_____. (org.) *Profissionais da Educação do Século XXI: Desafios e perspectivas atuais*. Campinas: Pontes, 2023. 226p.

_____. Identidades de Professores na Escola do Século XXI: Novas Demandas e Desafios à Formação. In: *Revista Pesquiseduca*. Dossiê – Políticas, Práticas, Representações e Identidades Profissionais. 2024. (no prelo).

SOUSA, C. P.; PLACCO, V. M. N. S. Mestrados Profissionais na Área de Ensino e Educação. *Revista da FAEEBA. Educação e Contemporaneidade*, v. 25, 2016, p. 23-35. Disponível em: http://educa.fcc.org.br/scielo.php?pid=S0104-70432016000300023&script=sci_abstract. Acesso em: 19 jun. 2024.

SOUZA, V. L. T. Psicologia Escolar e COVID-19. *Estudos de Psicologia*, Campinas, 39, 2022, p. 1-4. Disponível em: https://doi.org/10.1590/1982-0275202239e220103e. Acesso: 19 jun. 2024.

SOUZA, V. L. T; PLACCO, V. M. N. S. Um, nenhum, cem mil: a identidade do Coordenador Pedagógico. In: PLACCO, V. M. N. S; ALMEIDA, L. R. *O Coordenador Pedagógico e a legitimidade de sua atuação*. São Paulo: Loyola, 2017, p. 11-28.

_____. Um, nenhum, cem mil ou nós, o coletivo? O lugar do CP na escola do século XXI, in: PLACCO, V. M. N. S.; ALMEIDA, L. R.; SOUZA, V. L. T. *O coordenador pedagógico e a escola do século XXI*. São Paulo: Loyola, 2023, p. 9-24.

SOUZA, V. L. T et al. Psicologia da Arte: fundamentos e práticas para uma ação transformadora. *Estudos de Psicologia*, Campinas, 35, 4, 2018, p. 375-388. Disponível em: https://www.scielo.br/j/estpsi/a/55QML8QcV9DwJF8JfgJ-Jpfh/. Acesso em: 19 jun. 2024.

SPINOZA, B. *Ética*. Tradução de Tomaz Tadeu. Belo Horizonte: Autêntica, 2009.

VYGOTSKY, L. S. Manuscrito de 1929. In: *Educação e Sociedade*, Campinas, 71, 2000. Disponível em: https://www.scielo.br/j/es/a/hgR8T8mmTkKsNq7Ts-TK3kfC. Acesso em: 19 jun. 2024.

O Coordenador Pedagógico e Escolas que Refletiram sobre Si Mesmas

Laurinda Ramalho de Almeida[1]
(laurinda@pucsp.br)

Introdução

> Mas existe algo com a história, com a narrativa, que sempre estará presente. Não creio que um dia os homens se cansarão de contar e de ouvir histórias.
>
> (Borges, 2000, p. 62)

Esse ofício do verso é a transcrição de seis palestras proferidas por Jorge Luís Borges (2000), na Universidade de Harvard, entre 1967 e 1968, apresentando comentários pessoais sobre sua produção como escritor. *O narrar uma história* foi uma de suas palestras. Embora refira-se à obra literária, sua arte, a afirmação vale para nós, profissionais da educação e à nossa arte de ensinar. Todas(os) somos protagonistas de histórias bonitas, muitas das quais não tivemos o privilégio de narrar. Tenho aqui a oportunidade de compartilhar uma delas.

Um pouco dessa história foi narrada no volume que inaugurou a Coleção Coordenador Pedagógico, em 1998 (Almeida, 2012).

---

[1]. Doutora em Educação: Psicologia da Educação. Docente na Pontifícia Universidade Católica de São Paulo nos Programas de Pós-Graduação em Educação: Psicologia da Educação e Educação: Formação de Formadores.

Resolvi retomá-la agora, em 2024, com maiores detalhes, como aporte para a compreensão da temática que definimos para o atual volume da Coleção.

Trata-se do que aconteceu e de como aconteceu a seis escolas públicas estaduais paulistas que se dispuseram a refletir sobre si mesmas, para mudar a face sombria do seu ensino noturno, de modo a tornar a escola atraente para seus alunos, para que desejassem permanecer nela e aprender. Garanto que não é uma história fictícia. Participei do enredo, como técnica da Secretaria Estadual de Educação de São Paulo (à época, SEE; atual Seduc) e como pesquisadora.

As seis escolas fizeram parte de um projeto que foi proposto à rede estadual de ensino de São Paulo e foram estudadas em minha tese de doutorado (Almeida, 1992) quando realizei observações e entrevistei diretores, coordenadores, professores e alunos. Duas escolas eram da capital de São Paulo, duas do interior e duas da Grande São Paulo.

Trata-se do *Projeto restruturação técnico-administrativa e pedagógica do ensino de 1º e 2º graus na rede estadual, no período noturno*, que ficou conhecido como Projeto Noturno.

O referido Projeto foi executado por 152 escolas, nos anos de 1984 e 1985, e eu o tomei como objeto de estudo em minha tese de doutorado. Sua principal característica foi o fato de as próprias escolas terem elaborado suas propostas de melhoria (o seu Projeto Noturno) a partir de sua problemática específica, solicitando dos órgãos centrais da Secretaria de Educação o que consideraram necessário para viabilizá-las. De concreto, as escolas foram atendidas em seu pedido de um professor para coordenar o Projeto Noturno (eleito por seus pares) e de 2 horas semanais remuneradas para reuniões (Almeida, 2010, p. 12).

Apesar do curto período de tempo de sua execução, o Projeto Noturno foi a medida de maior impacto até hoje tomada para a melhoria do ensino noturno, na rede estadual (Almeida, 2012, p. 25).

Em função dele, a maioria das escolas apresentou como pontos positivos: diminuição do índice de evasão; melhor relacionamento professor-alunos; mudança das técnicas de ensino, propiciando dinamização das aulas; concentração de esforços dos professores e melhor rendimento dos alunos (São Paulo, 1985, p. 20).

Os pontos positivos referidos foram decorrentes de avaliação externa, realizada, no seu primeiro ano, pelas pesquisadoras Sandra Maria Lapeiz e Bernardete A. Gatti, vinculadas ao Departamento de Pesquisas Educacionais da Fundação Carlos Chagas, por solicitação da Secretaria da Educação. Também em minha pesquisa esses pontos apareceram nas entrevistas, e registrarei alguns, dando prioridade às falas das coordenadoras, identificadas com a letra C e o número correspondente a cada uma das 6 escolas.

> E partimos. Cada um foi trazendo suas colaborações, suas desilusões, suas esperanças e fomos construindo. (C4)
> Foi muito gratificante o Projeto, apesar de tudo. Em primeiro lugar, porque foi uma oportunidade de colocar em prática, na rede comum de ensino, uma experiência que eu havia tido anteriormente – a experiência no Vocacional nos anos 68, 69 e 70. Em segundo lugar, pelo próprio resultado que obtivemos aqui na escola... Tivemos conquistas em vários níveis. Primeiro foi a integração entre os próprios professores. Essa integração foi construída; levou dois anos para se conseguir. (C5) (Almeida, 2012, p. 26-27).

A coesão do grupo, apesar de lenta e difícil, pôde ser alcançada.

> Olha, eu acho que houve grande união entre os professores. Tivemos um ou dois casos só de não envolvimento, sabe... que eu percebia quando entrava na classe, que o professor estava ausente. Mas acho que nos outros houve uma grande força, uma grande união de pessoas da escola. Houve uma grande mudança de postura. Já era um pessoal muito bom, muito dedicado, sabe, ao aluno, com uma convivência muito boa com o aluno. Mas com o Projeto Noturno a união foi maior ainda. (C6) (Almeida, 2012, p. 29).

O que muitos professores confirmaram, como este:

> Outra coisa que elevou muito a gente é que os professores ficaram unidos. Nas reuniões pedagógicas cada um contava suas experiências para desenvolver os objetivos propostos, criando um clima de união. Esse clima foi o ponto mais alto do Projeto – a união entre os professores. Teve também muita união entre os professores e alunos (P) (Almeida, 2012, p. 26-27).

Foi grande a satisfação dos que trabalhavam antes isolados, por sua conta e risco, e passaram a fazer parte de um grupo, com um trabalho conjunto.

> Sim, foi muito gratificante. Primeiro, porque foi um trabalho conjunto, e eu só acredito em trabalho conjunto. E a grande frustração do magistério é que o meu trabalho pode ser bom, pode ser não bom, mas enfim, mesmo quando ele consegue ser bom, é sempre um trabalho individual. E eu não acredito em trabalho individual em educação. Então, você trabalha com uma classe, por exemplo, com uma dificuldade qualquer em Português, mas se os colegas não trabalham em conjunto, se ninguém discute a questão, a coisa vai acontecendo milimetricamente. Você perde o seu esforço. Então, por isso foi particularmente gratificante. Por isso e por outras coisas: eu vislumbrei a possibilidade, pela primeira vez, de trabalhar em grupo na escola pública. Eu já tinha essa experiência em escola particular, por duas vezes, mas na escola pública, não. Então foi particularmente gratificante por isso. (C2) (Almeida, 2012, p. 28).

A mudança de postura não foi obra do acaso, mas foi objetivo do Projeto. E implicou uma nova maneira de ver o aluno.

> O nosso projeto estava calcado em uma mudança de postura. Ela não ocorreu por acaso, estava prevista. Tudo o que se fez foi para que ela ocorresse. Ocorreu em função da própria proposta; passamos a fazer reuniões pedagógicas em que eram propostas mudanças de técnicas. A gente passou a encarar o aluno como pessoa, não só como um número a quem tinha que dar uma média. (C1) (Almeida, 2012, p. 31).

A mudança de postura gerou sentimentos de insegurança e não impediu, algumas vezes, a ocorrência de atritos.

> O ano foi difícil porque o Projeto exigia uma mudança de postura por parte do professor, e toda mudança gera insegurança, medo e as pessoas acabam ficando agressivas também. Quando começaram os resultados positivos, então, a situação melhorou, a partir de agosto do primeiro ano, mas ainda assim teve outros momentos de queda. Sempre que as coisas não saem bem de acordo com o que as pessoas planejam, dá um desânimo. Começou o segundo ano num bom pique. (C5) (Almeida, 2012, p. 31).

O grupo coeso amparava e também cobrava.

> É difícil enumerar um ou outro problema. Mas sempre que os problemas iam surgindo nunca tomei uma atitude, uma resolução de minha cabeça. Fazia questão de reunir os professores e discutir. Sempre, mesmo coisa de última hora discutia com o conjunto de professores. E, sempre que foi necessário, a direção ajudou, às vezes, a supervisão, sempre estiveram atentos. Mas no dia a dia era o corpo docente. (C1)
> Acho que basicamente nós conseguimos a coesão do grupo. Acho que esse foi o ponto básico, a partir do qual você pode ir colocando algumas coisas. Nós conseguimos a coesão a duras penas. Pode parecer muito primário isso, mas só quem está no processo sabe o peso que isso tem. A gente se reunia para discutir todos os problemas, inclusive os pessoais, então, a gente se sentia unida, se sentia amparada pelo grupo. E, ao mesmo tempo, o grupo cobrava as atitudes das pessoas. Então, havia crescimento. Os alunos percebiam essa coesão, tanto é que eles reclamam agora. (C2) (Almeida, 2012, p. 29-30).

O trabalho coletivo levou a uma mudança de postura nos professores, atestada por eles.

> Aqui ocorreu uma mudança radical na postura do professor. Muitos professores que tinham um método delineado passaram a trabalhar de maneira diferente. Isso porque houve uma mu-

dança de mentalidade decorrente do trabalho em grupo, uma conscientização de que o aluno do noturno merecia uma coisa melhor. (P)
Na minha conduta? Eu me considero uma pessoa um pouco abusada de autoritarismo, principalmente em relação ao aluno. E em nossas reuniões se discutia muito isso. A B, a gente cobrava muito dela, mas eu sinto muita falta dela este ano. Eu sou assim, mas melhorei um pouco. Quando eu sou professora, e estou discutindo com o diretor, quero democracia. Quando estou com o aluno, sou autoritária. Isso ficou claro para mim no processo que tivemos de reuniões, de discussões, de leituras. Comecei a me avaliar nesse sentido, eu pregava democracia, mas não era democrata. Acho que melhorei bastante. (P)
Com os colegas? Aprendi a ouvi-los mais. E com isso fui tentando uma troca de experiências. Passei a aceitar mais a ideia de cada um. A gente tinha reuniões semanais, oportunidade de falar e ouvir. Todos os problemas que surgiram eram resolvidos em grupo. (P) (Almeida, 2012, p. 30).

Como decorrência da mudança de postura, o relacionamento professor-aluno melhorou, e isso foi percebido pelos alunos.

Melhorou bastante, porque no início era assim, aquela coisa de professor lá na frente e aluno sentado, sem dar opinião. Depois, quando começou o Projeto, os alunos começaram a aproveitar, e a gente começou a se abrir mais. (A)
No Projeto, pelo menos a gente tinha o direito de falar alguma coisa, de expor o que sentia, o que era preciso ou necessário. Tínhamos o direito de tomar algumas decisões, o que era muito importante. O aluno, ele sabe respeitar o professor, desde que o professor saiba também respeitá-lo. (A)
Muitas vezes, quando eu faltava à aula, ou quando o professor faltava, eu sentia falta daquela aula, daquele professor... isso nunca tinha ocorrido comigo antes; antes eu tinha ódio dos professores, não podia nem ver. Agora, aqui não. Eu tinha saudade naquela época. (A) (Almeida, 2012, p. 32-33).

Como era importante o sucesso, havia uma avaliação constante de tudo. Diretores e alunos se manifestam:

A cada semestre se fazia uma avaliação e percebíamos que os alunos prestigiavam a escola, entenderam a proposta – nesse momento todos ficavam lá em cima. A participação dos alunos, a discussão dos problemas da escola, tudo se colocava para o aluno: questões de disciplina, de aproveitamento. Cada bimestre, quando fazia a estatística e percebia que o índice de evasão tinha ficado contido e o índice de reprovação diminuído, era muito gratificante para todos nós. (D4)

Foi significativo porque estava formando nos professores e até nos alunos uma mentalidade de discutir, resolver, documentar e avaliar. Nós registrávamos, e o resultado não estava satisfatório. Vamos, então, rever a avaliação, que diria até sistemática, era uma retomada, a escolha de uma outra alternativa. "Está certo? Está dando certo? Se não, vamos mudar". Foi significativo porque foi um momento que nos permitiu viver intensamente, não só a avaliação do aluno, mas a nossa. Foi significativo por tudo isso, e pelo resultado. (D1)

Foi o seguinte: como o Projeto estava sendo formulado pelos professores e não estava muito certo se ia ser aquilo mesmo, então os professores convocavam os alunos e colocavam os fatos positivos e negativos para os alunos e pediam sugestões, o que eles achavam melhor ou não. Daí houve maior contato entre professores e alunos, o que favoreceu bastante a gente. (A) (Almeida, 2012, p. 33).

Muitos outros depoimentos poderiam ser trazidos aqui, por sua riqueza. Acrescento apenas mais dois: um para atestar que, ao executar um projeto, nem tudo são flores, há que se saber contornar os espinhos; o segundo, o desabafo de uma coordenadora.

Melhorou o relacionamento professor-professor, o relacionamento professor-aluno, o relacionamento professor-direção. Mas também houve muita briga, até briga com a coordenadora. Foi uma época em que o projeto estava caindo; então, a coordenadora resolveu pegar no pé, mas com uma técnica que a gente não achou a melhor. Então, a gente ficou nervosa. Foi uma discussão e tanto até a gente se entender – mas deu para se entender, porque a nossa turma tem uma qualidade: de reconhecer o erro. Quando a gente erra, a gente reconhece (P) (Almeida, 2012, p. 32).

Mais que um desabafo, um recado para gestores educacionais:

Você sabe que há possibilidade de fazer algo. É só deixar que o pessoal sente, elabore e faça. Porque você... fica sempre muito presa. É o problema da autonomia da escola. Deixar que a escola pense e daí – o que é fundamental e não aconteceu com o Projeto Noturno – dar apoio em todos os momentos: apoio de infraestrutura, sabe, e nos aspectos pedagógicos. Não sei quais os órgãos que deveriam dar esse apoio, mas deveriam. A escola deveria ter chance de tentar experiências novas. Deixem a escola pensar. Deem autonomia, mas deem apoio também. (C1) (Almeida, 2012, p. 34).

Sintetizando: a singularidade do Projeto Noturno, quando comparada a outros projetos na época desenvolvidos e em desenvolvimento na SEE, é que os órgãos centrais da referida Secretaria apenas solicitaram que as escolas, aquelas que o desejassem, elaborassem propostas visando à melhoria do ensino noturno, a partir de sua realidade e de seus problemas.

As escolas apresentavam, ao lado de sua proposta, solicitação de recursos humanos, físicos e materiais para viabilizá-la; quanto a recursos humanos, as solicitações mais frequentes recaíram sobre: funcionários necessários à escola (escriturários, inspetores de alunos e serventes) e disponibilidade de um professor para atender ao Projeto; quanto a recursos físicos e materiais, as escolas apresentaram relações de material permanente e de consumo necessários ao bom funcionamento das unidades, bem como à recuperação de prédios e instalações; todas as escolas solicitaram merenda para o noturno. Muitas solicitaram assessoria pedagógica para o desenvolvimento das propostas. As escolas foram atendidas quanto a merenda; um professor-coordenador para o Projeto Noturno; e duas horas semanais remuneradas para reuniões pedagógicas. As solicitações quanto a recursos físicos e materiais foram atendidas em parte, e, ainda assim, a verba para compra de material permanente e de consumo somente chegou às escolas na metade do segundo semestre. Quanto ao preenchimento do módulo de funcionários e assessoria pedagógica, não houve atendimento (Almeida, 2010).

Para chegar a uma avaliação mais abrangente do conjunto das escolas que participaram do Projeto Noturno em seu primeiro ano de implantação, a Assessoria Técnica de Planejamento e Controle Educacional (órgão no qual estava alocado o projeto) solicitou a assessoria da Fundação Carlos Chagas, que delineou uma proposta de avaliação. A avaliação se processou por amostragem em 48 escolas e envolveu levantamento de dados pelos supervisores de ensino, que também entrevistaram diretores, coordenadores, professores e alunos.

A avaliação empreendida revelou "descaminhos de comunicação", mas também a validade do Projeto.

> A implantação atrasada, o não envolvimento de alguns supervisores e delegados negligenciando o trabalho de apoio que era esperado, a ausência de consulta prévia às escolas para que se tivesse efetivamente um cotejo de Unidades Escolares integradas ao espírito da proposta e o desamparo a que esteve sujeito o coordenador do projeto, inúmeras vezes desconhecendo as especificidades e importância da própria função e seu grau de autonomia para executá-la, contribuíram para a descontinuidade dos passos do projeto, comprometendo-o.
> [...] a validade do projeto foi assegurada unanimemente nos depoimentos dos diretores, coordenadores, professores, alunos e supervisores.
> Em seu primeiro ano de implantação, dele emergiram as seguintes conquistas:
> – diminuição do índice de evasão;
> – melhor relacionamento professor/aluno;

- mudança das técnicas de ensino, propiciando consequente dinamização das aulas e melhor rendimento na aprendizagem;
- concentração de esforços (corpo docente, diretores e coordenadores) garantindo unidade de ação frente aos problemas, buscando soluções;
- adequação e seleção dos conteúdos programáticos ao curso noturno (São Paulo, 1985, p. 20, 21).

Reitero o comentário que fiz sobre essa aparente contradição. As conquistas, altamente positivas, ocorreram devido à mudança no fluxo de direção proposto pela SEE para a elaboração e implantação do Projeto Noturno, o que indicava uma nova maneira de lidar com o poder entre órgãos centrais da SEE e escolas, entre direção e professores, entre professores e alunos:

> Entre gestores do sistema e escolas era a concretização do discurso da autonomia, evidenciando que a escola precisa ter "a autonomia da coisa pedagógica", nas palavras de Azanha (1995), e que isto passa pela "autonomia da colegiabilidade", na terminologia de Imbernón (2000).
> Entre gestores da escola e professores era a concretização do discurso de compartilhar decisões e responsabilidades, conforme enfatiza Freire (1980).
> Entre professor-aluno, professor-professor e professor-alunos-gestores era a tentativa de concretizar, nas relações cotidianas, os princípios da compreensão empática, consideração positiva e autenticidade, condições facilitadoras apresentadas por Rogers (1978) para mudanças efetivas (Almeida, 2010, p. 68).

A construção da reflexibilidade

Afirmei que as seis escolas retratadas pelas falas de coordenadores, diretores, professores e alunos se dispuseram a elaborar um projeto que previa, em sua execução, uma reflexão constante sobre si próprias, o que as tornava escolas reflexivas.

As escolas solicitaram – e foram atendidas – ter um professor retirado de sala de aula para ficar com a incumbência de orientar e acompanhar o desenvolvimento do seu projeto. Cumpre observar que, àquela altura, as escolas estaduais não contavam com um profissional para coordenar as atividades pedagógicas – isso aconteceu apenas em 1996, quando todas as escolas da rede estadual de ensino passaram a ter um professor-coordenador como função. Também não tinham horário alocado em seu contrato de trabalho para reuniões, nem recebiam merenda.

A avaliação do primeiro ano de implantação do Projeto Noturno, realizada pela Fundação Carlos Chagas, evidenciou que o coordenador do Projeto Noturno foi um elemento chave na execução do Projeto e apresentou como foi feita a escolha desse profissional: eleito pelos colegas, em 41% das escolas; indicado pelo diretor, em 27% delas, com apoio dos docentes; e, em 12%, a escolha recaiu apenas no diretor (São Paulo, 1985).

Retomando: diretores e professores desejavam um profissional que ficasse à disposição para garantir o sucesso do projeto que haviam elaborado coletivamente.

Afinal, o que é um projeto? Assumo a conceituação de Severino (1998, p. 3):

> Projeto é aqui tomado como um conjunto articulado de propostas e programas de ação, delimitados, planejados, executados e avaliados em função de uma finalidade que se pretende alcançar e que é previamente delineada mediante a representação simbólica dos valores a serem efetivados. O projeto educacional pode ser metaforicamente representado pelo campo de força gravitacional criado por um imã. O núcleo, no caso, é uma intencionalidade, ou seja, um sentido, uma significação, que articula todas as ações, todas as medidas, todas as práticas, desenvolvidas por todos os sujeitos que se encontram no mesmo campo.

O projeto precisa, então, definir sua intencionalidade, ou seja, as finalidades que pretende atingir, levando em conta para que, para quem, por que fazer e onde fazer, ou seja, levar em conta o meio, o contexto no qual será desenvolvido, compreendendo a ambiência sociocultural em que estiver inserido.

Para exemplificar, uma das seis escolas estava localizada em bairro periférico de cidade de médio porte do interior paulista. Oferecia apenas ensino do então 1º grau (hoje Ensino Fundamental), em três períodos, atendendo alunos predominantemente filhos de operários e de bóias-frias. Intencionalidade/finalidade a atingir:
- Diminuir o índice de evasão.
- Oferecer condições para o aluno se organizar para a jornada escolar.

Nessa escola, o diretor havia participado, anos antes, quando ainda professor de Geografia, na capital, de uma Semana de Estudos em um Ginásio Experimental, e lá observara a "hora de permanência", que era oferecida aos alunos.

Propôs a ideia aos professores e, com as devidas adaptações, esta foi uma das ideias-mestras do Projeto. A "hora de permanência caipira", como o diretor chamava carinhosamente a ideia, partiu do conhecimento que os professores tinham (e aprofundaram para montar o Projeto) das necessidades, das expectativas, dos sonhos de seus alunos. Eram trabalhadores-alunos, muitos deles trabalhando como cortadores de cana (a escola ficava numa região canavieira), que chegavam frequentemente atrasados à primeira aula porque precisavam chegar em casa para se trocar e, poucas vezes, fazer um lanche. Não tinham tempo para se organizar para a nova jornada que se impunha: a jornada escolar. A "hora da permanência" era o seguinte: os professores da primeira aula (fosse de Língua Portuguesa, Matemática, História etc.) atuavam como monitores: recebiam os alunos que iam chegando, ajudando-os a se organizar para as aulas que teriam em seguida, facilitando a troca com os colegas, o entendimento da tarefa a concluir, dando técnicas de estudo. Para a equipe escolar, era a "hora da permanência" ou "hora do estudo", mas a emoção com que os alunos falaram do quanto sua relação com a escola ficou mais prazerosa, de como chegavam mais tranquilos à escola sabendo que podiam "se arrumar" para a nova jornada, evidenciava que para eles aquela era a "hora do acolhimento", sentiam-se acolhidos, valorizados, com os colegas e professores mais próximos (Almeida, 2010, p. 68).

Nesta (e nas demais escolas que observei), a dimensão do cuidado estava presente – cuidar que envolvia estar atento ao bem-estar do outro, ajudá-lo em suas dificuldades, ajudá-lo a se desenvolver. Embora não registrada na proposta, no acompanhamento das ações, perceberam – todos, porque o projeto foi elaborado coletivamente, e seu acompanhamento, feito com a liderança do diretor e coordenadora – que ações para integrar as famílias e a comunidade precisavam ser pensadas e executadas. Foi, então, programada a *Noite do chorinho*. Integrantes da comunidade que tocavam instrumentos musicais, particularmente tocadores de violão e cavaquinho, eram convidados a se apresentarem na escola uma vez por mês. Tive a oportunidade de presenciar a alegria do pertencimento das famílias na escola dos filhos, de estudantes perceberem o reconhecimento dos talentos de seus conterrâneos e da escola, ao constatar o acerto desse investimento.

Não é meu propósito discutir o projeto apresentado pela escola que propôs trabalhar com temas geradores. O propósito foi apresentar uma escola reflexiva.

A escola reflexiva baseia-se em um projeto, coletivamente construído, que tem como baliza a qualidade social – a responsabilidade de conseguir que um maior número de alunos se aproprie de conhecimentos, habilidades e atitudes que os tornem também reflexivos. É uma escola que tem a capacidade de voltar-se para si mesma, para identificar seus recursos e suas necessidades – e que tem um projeto para cumprir.

Para tanto, precisa de decisões coletivas sobre os passos necessários para definir ou redefinir rumos, quando necessário. E de apoios, porque é um processo que precisa ser aprendido. Nem sempre a cultura da escola tem já constituída a importância da partilha de ideias, de receios, de expectativas. Por vezes, existem focos de rigidez no corpo docente que atravancam o processo, e isso precisa ser cuidado. Nem sempre a escola se dá conta de que o Projeto Político Pedagógico não se trata de uma peça para atender aos órgãos controladores do sistema educacional. É um projeto para ser posto em ação. É para ir das intenções às ações, ações que precisam ser avaliadas, acompanhadas, redirecionadas, se necessário. Ou seja, objeto de reflexão permanente. Encontramos em John Dewey aportes para discutir o papel da reflexão e da experiência refletida. Foi ele um dos grandes teorizadores da educação no mundo de língua inglesa, e sua teoria influenciou o pensamento de teóricos da formação de professores, principalmente quanto ao pensar reflexivo e à experiência educativa.

Em *Como pensamos*, Dewey ([1910] 1959) argumenta que há dois tipos de pensamentos: a) um pensamento não reflexivo, um curso desordenado de ideias que passam pela mente; b) um pensamento reflexivo, que é um pensar de um jeito diferente. Também este consiste em uma sucessão de coisas pensadas, mas a diferença é que não basta a sucessão irregular disto ou daquilo. Não basta borboletear com pensamentos. A reflexão não é uma sequência, é uma consequência. O curso de representações mentais deve conduzir a uma conclusão, tendo em vista uma finalidade, um propósito. Afirma, ainda, que esse modo de pensar pode ser aprendido.

Para atingir o propósito da reflexão sobre a ação empreendida, é preciso que a ação seja capturada em todos os seus detalhes para se chegar às suas consequências, ou seja, observada com um olhar sensível, para afastar o que obscurece a visão no pensamento irrefletido e descuidado. Isso a distingue da ação rotineira. A ação rotineira é orientada pelo impulso, tradição ou autoridade, quando se aceita o cotidiano sem críticas, e as ações são feitas para o enfrentamento dos problemas que surgem sem vislumbrar um universo maior de possibilidades.

Há três atitudes que Dewey considera necessárias para a ocorrência da ação reflexiva. Refiro-me a elas a partir de Zeichner (1993), que reconhece a influência de Dewey. A primeira, abertura intelectual, refere-se ao desejo ativo de considerar mais de um ponto de vista, de prestar atenção em alternativas possíveis e reconhecer a possibilidade de erros, inclusive baseados nas próprias crenças; a segunda, responsabilidade, supõe uma consideração cuidadosa das consequências às quais a ação conduz: consequências pessoais, consequências acadêmicas e consequências sociais e políticas; a terceira, sinceridade, implica o fato de que os professores, com abertura intelectual e responsabilidade, responsabilizem-se por sua própria aprendizagem.

Nas seis escolas que pesquisei, observei essas atitudes. Em uma delas, a coordenadora me confidenciou que, no início do projeto, não tinha uma visão pedagógica e que até leu Makarenko (1983) para se fortalecer e trabalhar com os alunos.

Em seu livro, *Arte como experiência*, Dewey (2010) desenvolveu o conceito de experiência e menciona dois princípios: o da continuidade, que significa levar em conta as experiências anteriores, pois o conhecimento que se adquiriu a partir delas converte-se em instrumento para compreender e tratar as seguintes; e o princípio da interação, que ressalta o caráter social da experiência, o movimento entre o social e o individual.

Fica uma pergunta: por que, dentre todas as experiências que temos com o mundo, algumas nos atingem e outras não? Pagni (2018, p. 50) responde que, para Dewey, é a qualidade estética: "é aquela que proporciona ao pensamento a afecção que mobiliza os esforços subjetivos e que dispõe o indivíduo a resolver o problema suscitado em uma experiência, dentre as várias experienciadas".

Dessa forma, a experiência consiste em um acontecimento externo, mas para chegar até nós, temos que ser por ela afetados, temos que sofrê-la para, então, sermos mobilizados para questionar o vivido e atribuir-lhe novos sentidos. Do ponto de vista da formação de professores, poderíamos afirmar que chegamos, assim, ao saber da experiência, que se constitui não na sua repetição, mas no questionamento sobre ela; que nao é uma mera acumulação de saberes práticos, mas um saber que se constitui a partir de novas significações para o vivido.

Considerações finais

Os leitores provavelmente estão perguntando por que retomar um projeto executado há 40 anos. Tantos fatos, tantas mudanças ocorreram desde então! Até uma pandemia, que forçou ao isolamento social, circunstância que contrariou uma de nossas características principais, a de sermos seres gregários. Julgo importante explicitar.

O fio condutor de meu texto foi evidenciar que há possibilidade de a escola ser diferente e estar nela de modo diferente. Que educadores/educadoras foram construindo um modo diferente de trabalhar, a partir da reconstrução de seus processos de relações interpessoais. Diretores, coordenadoras, professores e alunos evidenciaram, em suas falas, que mudanças de estratégias, de programações, são necessárias, mas não são suficientes: o que garantiu o sucesso da proposta elaborada pelas escolas foi a mudança no relacionamento entre as pessoas que estavam vivendo o processo.

Confesso que, ao iniciar minha pesquisa, tinha como tese que o sucesso se devia à mudança nas relações professor-aluno, que esse fora um aspecto decisivo. Mas, como afirma Rosa (1985, p. 60), "o real não está na saída nem na chegada, ele se dispõe para a gente é no meio da travessia". Ao visitar as escolas, observá-las, conversar com os profissionais e os alunos, fui percebendo que a relação professor-aluno fazia parte de uma teia mais ampla, que envolvia todos da escola. Os gestores (diretores, coordenadoras) e professores tiveram que, primeiro, cuidar do relacionamento entre si, tiveram que constituir um grupo, porque, no dizer de uma coordenadora, tinham um projeto para tocar (Almeida, 2010).

É importante lembrar que, nas escolas do Projeto Noturno pesquisadas, o cuidado e o aprimoramento das relações interpessoais ocorreram paralelamente ao aprimoramento de outros fazeres do professor. Discutiu-se muito, nas escolas e no grupo que coordenava o Projeto, que o atendimento à diversidade que se apresentava nos cursos noturnos não era motivo para o empobrecimento do conhecimento. A preocupação com o fato de o atendimento à diversificação não trazer mais desigualdades estava sempre presente. Aceitava-se que a diversidade entre cursos diurnos e noturnos, entre alunos de cada classe, era um dado de realidade, mas não motivo para o aligeiramento dos conteúdos.

O recorte dado às relações interpessoais foi para mostrar que, mesmo em meio às dificuldades enfrentadas pelos educadores, as circunstâncias de atuação puderam ser por eles alteradas com o suporte dessas relações, no bojo de um projeto elaborado coletivamente, em função de suas necessidades – projeto esse que priorizou a criação de um clima favorável à aprendizagem, à confiança e ao respeito dos envolvidos no processo, um ambiente em que alunos e professores estavam à vontade para errar, para compartilhar dúvidas, para trabalhar juntos.

Há, também, outro motivo que me forçou a voltar a esse projeto: a possibilidade de trazer à tona a importância das relações socioprofissionais. Estamos em um momento particularmente amargo na vida do planeta, recuperando-nos dos males que a pandemia nos trouxe, assistindo a grandes catástrofes. Precisamos de interações que nos fortaleçam, predominantemente, face a face. O uso da tecnologia é útil, quando bem conduzido, mas nada supera as relações escolares presenciais. As relações de confiança têm maiores possibilidades de serem construídas em presença do que mediatizadas pelas telas. Educadores que somos, não queremos só construir nossas aulas com os alunos, desejamos construir juntos nossa escola, com diálogo e participação que permitam que os conflitos apareçam e sejam discutidos e que as esperanças se fortaleçam.

Voltei a um projeto executado há décadas pela atualidade de suas reivindicações e propostas. Para apresentar pessoas-educadoras atuando na escola pública com características que são, hoje, requeridas para viver um futuro com mais incertezas do que certezas: pensamento reflexivo, que não descarta o pessimismo algumas vezes; abertura intelectual, para ouvir e argumentar com pessoas de pensamentos diferentes e para aparar as arestas das divergências em função de um objetivo que abranja o bem-estar de todos e de cada um; e, principalmente, a capacidade de se emocionar e de se reencantar com sua atuação.

Eu o fiz por acreditar que, nesta década, em 2024, temos, nas escolas, educadores que nutrem o desejo de mostrar sua competência e de romper com as amarras que dirigentes mal-informados colocam às escolas. Foi para mostrar que o ímã para agrupar a todos em função de um objetivo comum e lutar por ele é o Projeto Político Pedagógico, não elaborado para atender às exigências burocráticas, mas para ser uma bússola que identifique pontos que precisam de ação interventiva. Para evidenciar que é a construção coletiva, participativa, que o sustenta e que as relações interpessoais o fecundam. Para mostrar que é possível fazer da reflexão compartilhada uma rotina.

Uma última explicitação se faz necessária, e, para essa, volto à epígrafe que escolhi para iniciar o texto: "existe algo com a história, com a narrativa, que sempre estará presente". Foi ao chegar às considerações finais que dei conta do porquê dessa afirmação de Borges me afetar, ao ponto de escolhê-la para iniciar o capítulo. Penso que, de algum modo, estava me propondo a narrar parte de minha história, do movimento que me levou da coordenação de um projeto em nível de Sistema, de Secretaria de Estado, para uma pesquisa com o objetivo de ouvir educadores e alunos, o que significou viver aquele Projeto no seu microcosmo escolar. Estava desejando descrever parte de minha caminhada por esse território que me é tão caro e que tem sido tão pouco valorizado pelas políticas educacionais – a escola pública; desejava registrar o quanto aprendi com meus colegas professores e alunos da educação básica. A teia de contatos que estabeleci com profissionais nas escolas e no órgão central da SEE no qual estava alocado o Projeto reverberou em aprendizagens significativas. Daí o desejo de afirmar que as experiências vividas e refletidas no/sobre o Projeto Noturno fazem parte de minha constituição de educadora e de como a experiência refletida ampliou minha "perspicácia intuitiva" – termo que tomo emprestado de Josso (2004) – e fortaleceu minha atuação como professora, formadora, pesquisadora.

Conto com Thiago de Mello (1985) para justificar minha escolha para este capítulo:

Faz escuro
Mas eu canto
[...]

O que passou não conta? indagarão
as bocas desprovidas.
Não deixa de valer nunca.
O que passou ensina
com sua garra e seu mel.
Por isso é que agora vou assim
no meu caminho. Publicamente andando.
Não, não tenho caminho novo.
O que tenho de novo
é o jeito de caminhar
[...]

Referências

ALMEIDA, L. R. *O projeto noturno: incursões no vivido por educadores e alunos de escolas públicas paulistas que tentaram um jeito novo de caminhar.* Tese de Doutorado (Psicologia da Educação – PUC-SP), 1992.

_____. O coordenador pedagógico ante o desafio de articular e mobilizar a equipe escolar para tecer o projeto pedagógico. In: BRUNO, E. B. G; ALMEIDA, L. R.; CHRISTOV, L. H. S. (org.) *O coordenador pedagógico e a educação continuada.* São Paulo: Loyola, [14]2012, p. 25-36.

_____. *Ensino noturno: Memórias de uma experiência.* São Paulo: Loyola, 2010.

AZANHA, J. M. P. *Educação: temas polêmicos.* São Paulo: Martins Fontes, 1995.

BORGES, J. L. *Esse ofício do verso.* São Paulo: Companhia das Letras, 2000.

DEWEY, J. *Como pensamos: Como se relaciona o pensamento reflexivo com o processo educativo: Uma reexposição.* São Paulo: Nacional, [4]1959 [1910].

_____. *Arte como Experiência.* Tradução de Vera Ribeiro. São Paulo: Martins Fontes, 2010.

FREIRE, P. *Educação como prática da liberdade.* Rio de Janeiro: Paz e Terra, 1980.

IMBERNON, F. *Formação docente e profissional.* São Paulo: Cortez, 2000.

JOSSO, M. C. *Experiências de vida e formação.* Prefácio de Antonio Novoa. São Paulo: Cortez, 2004.

MAKARENKO, A. S. *Poema Pedagógico.* Volumes I, II, III. São Paulo: Brasiliense, 1983.

MELLO, T. Faz escuro. Mas eu canto. In: MELLO, T. *Vento Geral.* Rio de Janeiro: Civilização Brasileira, 1985.

PAGNI, P. A. Escola, estética e ética. In: REGO, T. C. (org.) *John Dewey: as origens da educação progressiva: o filósofo da democracia e sua importância para a renovação educacional.* São Paulo: Segmento, 2018.

ROGERS, C. R. *Sobre o poder pessoal.* São Paulo: Martins Fontes, 1978

ROSA, J. G. *Grande Sertão: Veredas.* Rio de Janeiro: Nova Aguilar, 1985.

SÃO PAULO (Estado). Secretaria de Estado da Educação. Assessoria Técnica de Planejamento e Controle Educacional. Projeto de reestruturação técnico-administrativa e pedagógica do ensino de 1º e 2º graus da Rede Estadual no período noturno. Coordenação: Almeida, L. R.; Galvanini, T. L. Avaliação do 1º ano de implantação do Projeto: Lapeiz, S.; Gatti, B. Texto de divulgação: *Tecendo a cada noite o Sol.* Nogueira, M. J., São Paulo, 1985.

SEVERINO, A. J. O projeto político pedagógico: a saída para a escola. *Revista da Educação AEC,* v. 27, n. 107 (abr./jun. 1998) p. 85-91.

ZEICHNER, K. M. El maestro como profissional reflexivo. *Cuadernos de Pedagogía,* 220, Barcelona, 1993.

O Sentido do Trabalho do Coordenador Pedagógico e a Escola Reflexiva: processos de articulação, formação e transformação

Paulo Luiz Vieira[1]
(paulo.vieira@ifsp.edu.br)

Magali Aparecida Silvestre[2]
(magali.silvestre@unifesp.br)

Introdução

As discussões apresentadas neste texto pretendem se aproximar à temática da obra que é a de problematizar o trabalho do coordenador pedagógico (CP) e a construção de uma escola reflexiva. Para tanto, partem do pressuposto de que o coordenador pedagógico é um profissional "mediador que articula a construção coletiva do projeto político pedagógico (PPP) da escola e que, em comunhão com os professores, elabora a qualidade das práticas educativas" (Bruno; Abreu, 2006, p. 105) e mais, que as consequências do seu trabalho promovem "o crescimento intelectual, afetivo e ético de educadores e alunos" (p. 105).

Em outras palavras, o coordenador pedagógico tem em seu trabalho a possibilidade de não só desenvolver os profissionais e as pessoas, mas também desenvolver uma escola em que as pessoas, em processos de formação intensos e consistentes, estejam

---

[1]. Professor Doutor do Instituto Federal de São Paulo – IFSP.
[2]. Professora Doutora da Universidade Federal de São Paulo – UNIFESP.

voltadas para um objetivo comum, transformando-a em uma comunidade que passa a discutir, com autonomia, seus desafios, seus problemas, suas possibilidades e suas finalidades, sem deixar de considerar seus determinantes, como as políticas públicas e legislações que a normatizam.

A literatura sobre o tema *coordenação pedagógica* tem consolidado esses pressupostos que orientam o trabalho desse profissional, mas ainda são poucos os estudos que tratam sobre a sua subjetividade ou mesmo que abordem, especificamente, os sentidos e significados do seu trabalho cotidiano na escola pública (Vieira, 2024).

Nessa direção, em que medida os coordenadores pedagógicos iniciantes e experientes, de uma rede municipal pública de ensino, veem as possíveis transformações em suas práticas, tendo como orientação as dimensões formativa, articuladora e transformadora? Quais são os sentidos e significados atribuídos por esses profissionais de escolas públicas à sua função e ao papel profissional? Como o trabalho desse CP pode contribuir com a construção de uma escola reflexiva?

Essas indagações orientam a escrita deste texto que apresenta, sumariamente, dois aspectos sobre o trabalho do coordenador pedagógico que foram problematizados e analisados no desenvolvimento de uma investigação[3]. O primeiro aspecto, tratado na seção inicial, aborda as dimensões *articuladora, formadora e transformadora*, fundamentadas em Placco, Almeida e Souza (2015), do trabalho de coordenadores pedagógicos de escolas públicas do município de São Paulo. O segundo aspecto, tratado na segunda seção, tematiza o processo de profissionalização desse profissional, tendo

---

3. Este texto foi elaborado tendo como referência uma pesquisa de doutoramento desenvolvida entre os anos de 2020 e 2024, no Programa de Pós-graduação em Educação, da Universidade Federal de São Paulo (Unifesp). A investigação, vinculada ao Grupo de Pesquisa e Observatório de Desenvolvimento Docente e Inovação Pedagógica (GEODDIP), teve como objetivo central identificar quais são os sentidos e significados anunciados por coordenadores pedagógicos, no que se refere ao seu papel e função como gestor pedagógico em escolas públicas, localizadas na Zona Leste de São Paulo, em região de alta vulnerabilidade.

por base os sentidos e significados que atribui ao seu trabalho na escola pública e que, também, são orientadores de suas práticas. Tendo em consideração esses dois aspectos, a terceira e última seção apresenta algumas considerações sobre as práticas desses coordenadores e a construção de uma escola reflexiva.

As dimensões do trabalho do Coordenador Pedagógico

O coordenador pedagógico a que nos referimos é o profissional que atua na Rede Municipal de Ensino de São Paulo (RMESP), município que, em 2018, implantou o *Currículo da Cidade de São Paulo* e que, em 2019, normatizou o documento *"Orientações Didáticas do Currículo da Cidade: Coordenação Pedagógica"* (São Paulo, 2019), como uma política pública que orienta o trabalho desse profissional.

Nesse último documento, encontramos os princípios que devem circunscrever o trabalho do CP, nessa rede pública, assim como algumas de suas responsabilidades:

> Ao especificar a atuação do Coordenador Pedagógico, não podemos perder de vista os princípios de uma gestão democrática, participativa e inclusiva e, como consequência, é necessário considerar a responsabilidade e o compromisso coletivo pelas ações da escola e decisões em relação ao seu funcionamento, organização e estrutura. O compartilhamento caracteriza o trabalho educativo que se pretende inclusivo e equânime (São Paulo, 2019, p. 28).

Tendo em consideração essa assertiva, o documento discorre que o coordenador pedagógico é aquele que promove a articulação entre o *Currículo da Cidade* e as práticas educativas das escolas, sendo o responsável pela transformação do ambiente escolar por meio de planejamento e acompanhamento das atividades em sala de aula, junto aos professores. Ademais, também tem como função a formação continuada dos professores; a articulação pedagógica da escola com a sua comunidade interna, composta pelos professores e funcionários; e, externa, pelas famílias e sociedade. A partir desse conjunto de atividades a serem desenvolvidas pelo CP, o documento considera que esse profissional "é o ator principal do processo de qualificação do ensino, pois de forma coletiva e colaborativa, orienta a ação pedagógica" (São Paulo, 2019, p. 27).

Nesse documento, as dimensões do trabalho do CP como *articulador, formador* e *transformador* dos processos educacionais existentes nas escolas municipais de São Paulo são referenciais que se alinham aos conceitos dos estudos desenvolvidos pelas pesquisadoras, Placco, Almeida e Souza (2015) e visam à promoção de uma educação integral, inclusiva e de equidade a toda a sociedade. As autoras explicam que

> [...] o CP exerce/pode exercer, nessa escola, a função **articuladora** dos processos educativos, além de ser chamado a realizar também uma função **formadora** dos professores, frequentemente despreparados para o trabalho coletivo e o próprio trabalho pedagógico com os alunos. É chamado ainda para uma função **transformadora**, articuladora de mediações pedagógicas e interacionais que possibilitem um melhor ensino, melhor aprendizagem dos alunos e, portanto, melhor qualidade da educação. (Placco; Almeida; Souza, 2015, p. 10-11 – *grifos nossos*)

Assim, um dos princípios de atuação e profissionalização do CP da RMESP está na dimensão articuladora como a ação de mobilizar e promover interação entre os profissionais da gestão escolar, professores e famílias, isto é, a comunidade escolar interna e externa, para que possa promover as mudanças pedagógicas a partir da implantação curricular, fazer a gestão das relações interpessoais e aprimorar o clima escolar, no intuito de potencializar a aprendizagem dos estudantes.

> No caso específico do coordenador pedagógico, o trato satisfatório com os relacionamentos interpessoais é condição *sine qua non* para o desempenho de suas atividades, dado que sua função primeira é de articular o grupo de professores para elaborar o projeto político pedagógico da escola. (Almeida, 2003, p. 78)

Para a autora, a articulação das relações interpessoais estabelecidas pelo CP diante do grupo de professores acontece por meio da gestão de grupos e sua constituição na organização das tarefas, no atendimento às necessidades e peculiaridades da escola e são essas relações que são capazes de promover interação e mobilizar o grupo para a realização de ações educativas que visem à mudança do espaço escolar.

Nessa perspectiva, articular é mediar diálogos e ouvir depoimentos de situações presentes na comunidade escolar, trabalhar com a cultura instituída na escola, promover ações de interação e comunicação capazes de movimentar a escola em prol do processo de desenvolvimento da aprendizagem dos estudantes. A articulação e tudo o que ela envolve é um desafio constante para o trabalho do CP, pois o cotidiano da escola carrega conflitos e interesses inerentes aos grupos que dela fazem parte e que são reflexos das relações sociais vividas por esses sujeitos dentro e fora da escola.

Essa constatação nos ajuda a compreender que a mediação nas ações escolares, planejadas e sistematizadas pelo CP, são marcadas por processos históricos e culturais dos sujeitos. Oliveira (1995), por meio de seus estudos sobre Lev Vygotsky, esclarece que "[...] mediação, em termos genéricos, é o processo de intervenção de um elemento intermediário numa relação; a relação deixa, então, de ser direta e passa a ser mediada por esse elemento" (p. 26).

Consoante a essa afirmação, a mediação na escola ocorre por meio de uma relação triangulada entre sujeitos, isto é, entre diretores, professores e CP, ou entre professores e CP, ou mesmo entre pais, CP e professores, todos eles sujeitos cognoscentes face a uma situação determinada. Portanto, no processo de articulação que destacamos, na ação do CP, sua figura é fundamental como elemento intermediário entre esses sujeitos e as relações pessoais por eles estabelecidas.

A dimensão da articulação desenvolvida no trabalho do CP, no contexto escolar, está diretamente imbricada com os processos formativos de professores que nele ocorre, isto é, com outra dimensão do seu trabalho, a formadora.

Um dos pilares de atuação profissional do CP na escola é a formação continuada de professores. Essa dimensão do seu trabalho, além de reconhecida pela literatura especializada e ser objeto de várias pesquisas sobre coordenação pedagógica, também se encontra nos documentos oficiais da RMESP, que destacam que, dentre as funções exercidas pelo CP, a formação e o acompanhamento das ações pedagógicas em parceria com os docentes é um princípio da ação do coordenador como gestor educacional, cujo objetivo é a promoção da transformação da realidade escolar.

Nos processos de formação continuada em serviço, sob responsabilidade do CP, deve haver o levantamento de temas e demandas formativas pertinentes à escola. Esse profissional precisa compreender o planejamento, a organização e a sistematização da formação de professores, como a elaboração de pautas de discussões que contemplem as necessidades da escola diante da atuação cotidiana dos docentes. Tal compreensão é primordial para que haja reconhecimento do CP como formador de professores.

Geglio (2003) compreende que "[...] o coordenador pedagógico exerce um relevante papel na formação contínua do professor em serviço, e esta importância se deve à própria especificidade de sua função, que é planejar e acompanhar a execução de todo o processo didático-pedagógico da instituição" (p. 115).

No entanto, a dimensão formadora do seu trabalho precisa ser compreendida como atos que visam à transformação e promoção da melhoria do ensino na escola; por isso, o CP não é um especialista nas didáticas e metodologias de ensino, mas um mediador e gestor das ações pedagógicas desenvolvidas pelos professores na sala de aula, que necessitam ser problematizadas nos momentos de formação continuada ocorridos na escola.

O próprio documento da RMESP orienta nessa direção:

> Uma das reflexões sobre os projetos de formação está relacionada à maneira como a formação se organiza. Espera-se que os professores se formem de maneira dialógica, que se aproximem das práticas consideradas ajustadas à realidade dos estudantes. A força dessas mobilizações está na ideia de problema-

tizar situações de aprendizagem com o professor, de modo que sejam criados contextos investigativos de formação (São Paulo, 2019, p. 35).

Assim, a dimensão formadora do trabalho do coordenador pedagógico não se resume a oferecer momentos de troca de experiências entre os professores, tendo como objetivo melhorar o desempenho dos alunos e alunas, mas, sim, planejar e organizar situações formativas que deem oportunidade para o professor elaborar sua própria prática e desenvolver exercícios reflexivos sobre seu trabalho, de forma individual e coletiva, possibilitando o desenvolvimento de processos de investigação que visem à totalidade do processo didático-pedagógico da instituição previsto em seu projeto político pedagógico.

Em outras palavras,

> O formador ou formadora pode ajudar a transformar essa necessária reflexão docente de acadêmica (refletir sobre as matérias), de tipo eficiente (conseguir um ensino eficaz mediante a aplicação de técnicas didáticas que se deduzem de princípios gerais alcançados na pesquisa pedagógica), para uma reflexão mais de desenvolvimento social (desenvolvimento dos alunos, do desenvolvimento do professor docente e como pessoa, de fomentar as relações verdadeiramente democráticas na aula e igualitárias e justa no social). (Imbernón, 2009, p. 106)

Portanto, o CP precisa reconhecer-se em seu trabalho como um profissional formador, conhecedor das questões pedagógicas e, principalmente, comprometido com a mudança e a humanização.

No entanto, Placco, Almeida e Souza (2015) nos alertam sobre como a dimensão da formação ainda é difícil de ser assumida pelos coordenadores pedagógicos:

> [...] seja por dificuldades pessoais do CP em assumir a formação, seja por não ser ela priorizada pelos diretores, esta é uma atribuição específica do CP que fica secundarizada, na maior parte das escolas brasileiras. Prevalece, assim, o eixo da articulação, em detrimento do eixo da formação. E esse desequilíbrio con-

tribui para que o eixo da transformação quase nunca chegue a ser cogitado, no âmbito da escola. (p. 14-15)

O eixo da transformação a que as autoras se referem é a dimensão transformadora do trabalho do CP, que se realiza mediante o desenvolvimento das dimensões articuladora e formadora junto ao grupo de professores e à comunidade escolar. A transformação aqui é compreendida como mudança promovida nas pessoas e no ambiente e contexto escolar, que incide na cultura institucional, nas práticas pedagógicas e na revisão constante do PPP. Porém, havemos de considerar que

> A escola, espaço originário da atuação dos educadores, mantém uma relação dialética com a sociedade: ao mesmo tempo em que reproduz, ela transforma a sociedade e a cultura. Os movimentos de reprodução e transformação são simultâneos. As práticas dos educadores, que ocorrem na escola, também se apresentam dialéticas, complexas (Orsolon, 2003, p. 18).

Por esta razão, o processo de transformação, promovido pelo trabalho do CP, está intrinsecamente relacionado à dimensão formadora, pois será a formação que poderá proporcionar o processo reflexivo necessário para que se promova, de forma coletiva, a transformação e/ou a mudança de paradigma no ambiente escolar, não sendo uma tarefa fácil, porém necessária para que haja um considerável aprimoramento no trabalho pedagógico e nas finalidades educativas contidas no PPP da escola. Posto isso, Orsolon (2003, p. 19) explica que "é fundamental o direcionamento de toda equipe escolar, com a finalidade de explicitar seus compromissos com tal prática político-pedagógica verdadeiramente transformadora", porque essa é a forma de garantir que "[...] professor, coordenador, diretor, pais, comunidade e alunos – apresentem suas necessidades, expectativas e estratégias em relação à mudança e construam um efetivo trabalho coletivo em torno do projeto político-pedagógico da escola" (Orsolon, 2003, p. 19).

Embora a dimensão transformadora seja indicada como uma dimensão e princípio da ação educativa do CP, a transformação na e da escola só acontece por meio de uma ação de caráter coletivo que envolva toda sua comunidade em prol de um processo de mudança de práticas pedagógicas e de cultura institucional alinhado com o seu PPP e seu currículo. Nessa direção, a mudança precisa representar os desejos e anseios da comunidade escolar, assim como se direcionar para a construção de uma escola que responda aos desafios da contemporaneidade.

Para tanto, se torna fundamental a mediação do CP com os grupos de interesse da escola articulada aos princípios de uma gestão democrática que promova o diálogo e a interação entre os envolvidos na prática educativa. Além disso, os avanços e melhorias no ensino da escola pública precisam partir de um processo de orientação e implantação de políticas públicas favoráveis ao desenvolvimento do trabalho do CP em suas dimensões articuladora, formadora e transformadora.

As significações do trabalho do CP e as dimensões *articuladora, formadora e transformadora*

Para Vygotsky (2007), apenas a espécie humana é capaz de atribuir sentidos e significado às coisas, sentimentos, situações, momentos e é na perspectiva dialética das interações estabelecidas que os sujeitos, por meio de abstrações e de sua subjetividade, tentam expressar o pensamento. A subjetividade em seus diversos campos é entendida como um elemento constitutivo da *psiqué*[4] humana, que pode ser expressa de maneira direta ou indireta pelo sujeito, na tentativa de descrever e comunicar pensamentos e sensações a respeito de algo.

Será a partir dessa orientação teórica conceitual que, nesta parte do texto, vamos expor, de forma sumária e tendo por base narrativas de uma CP, atuante em uma escola pública municipal de São Paulo, como essa profissional dá sentido e atribui significados ao seu trabalho, como compreende e conceitua o seu fazer

---
4. Termo utilizado para abordar a estrutura psíquica humana e todas as suas dimensões cognitivas.

e como lida com as políticas públicas que orientam as suas práticas na escola. Por decorrência, vamos apresentar a compreensão sobre como o sentido e o significado que compõem o trabalho dessa CP, na escola pública, possibilitam ou não o desenvolvimento de uma ação articuladora, formadora e transformadora da realidade, à medida que ela vai desenvolvendo a sua prática educativa.

Na psicologia sociocultural de Vygotsky (2007), tanto o sentido como o significado sobre um objeto são processos cognitivos indissociáveis, sendo aqui tratados como uma unidade de análise, e que, ao atribuir sentido a esse objeto, o sujeito o faz pelos significados que possui sobre ele, mas essas significações podem ser alteradas de acordo com a interação e intencionalidade estabelecida com o próprio objeto, seja ele concreto ou abstrato, como no caso do conhecimento.

Para iniciarmos a análise sobre a dimensão articuladora do trabalho dessa CP como uma ação necessária para que o desenvolvimento das atividades pedagógicas aconteça, em especial a partir do coletivo de professores, indicamos um excerto de sua narrativa:

> *Então o tempo todo você articula e negocia tudo. Isso é negociação [...]. E não é só isso, ela vai num nível mais profundo. É negociar. Você negocia o tempo todo, articular e, essencialmente, negociar o tempo todo. Você negocia tudo, você negocia com os alunos também, sabe. Assim, você articula o campeonato que os alunos querem. Mas aí a professora não quer aquele campeonato de futebol, ela quer de queimada ou sei lá do quê. Não, mas os alunos querem aquilo.* (Coordenadora Pedagógica)

As significações em destaque na fala dessa CP se revelam nos termos que utiliza *"negociar/negociação"*, para se referir a sua busca por um consenso em um processo de decisão, o que pode ser compreendido como sinônimo de um trabalho articulador necessário para o desenvolvimento das atividades escolares. Nesse caso, não se trata de buscar um consenso numa perspectiva pedagógica ou curricular, uma vez que esses aspectos não são trazidos objetivamente em sua fala, mas, ao apresentar uma situação que pode gerar um certo incômodo ou divergência no ambiente, a negociação ou articulação torna-se uma ação dessa CP que acalmaria os ânimos da situação para que as atividades acontecessem de maneira harmônica.

Nessa perspectiva, Almeida (2003) explica ser indispensável um cuidado por parte do CP com as relações interpessoais, para que haja um trabalho satisfatório de suas atividades no que se refere à articulação do grupo de professores, ou seja, *"[...] relações interpessoais confortáveis são recursos que o coordenador usa para que os objetivos do projeto sejam alcançados"* (p. 78).

E é nessa direção que a CP explica suas intenções: "Acho que a gente, o tempo todo, como CP, a gente está fazendo mediação, está fazendo negociação. E como fazer isso da forma mais democrática possível? Conversando com todo mundo [...] É o diálogo constante" (Coordenadora Pedagógica).

No decorrer de toda a narrativa dessa CP, identificamos palavras/termos como, *"mediação", "conversando/conversa"* e *"diálogo"*, que possuem significações similares aos termos *"negociar/negociação"*. Essa intensidade de uso de significações similares revela o sentido atribuído por ela ao seu trabalho, na sua dimensão articuladora.

O termo *"negociar"*, utilizado em suas falas juntamente com os termos *"diálogo"* e *"mediação"*, se aproxima de um sentido dialético que ela atribui à busca de um consenso a partir de pontos de vista diferentes. Em outras palavras, analisamos que as significações apresentadas pela CP nos fazem identificar, num primeiro momento, um sentido *apaziguador* das relações estabelecidas pelos grupos, recurso que busca para realizar alguma ação pedagógica que necessite do conhecimento ou consenso de todos os segmentos da escola, mas, num segundo momento, o sentido que prevalece é o *"democrático"*, termo também utilizado em outros trechos de sua narrativa, que orienta a sua tomada de decisão para garantir um trabalho participativo e coletivo na comunidade educativa.

Tal orientação pode ser constatada no trecho de sua fala em que ressalta que, na escola, há momentos em que o diálogo já foi estabelecido, mas a decisão precisa ser tomada, o que exige um posicionamento do CP

> *Mas o diálogo naquela questão freiriana mesmo, sabe? A palavra diálogo significa ser através do conhecimento. [...] O tempo todo. [...] E, também, tem hora que você firma uma posição. Você fala: não, já dialoguei, dialoguei, dialoguei, mas agora assim, agora outra coisa, né? Então a gente precisa ter o bom senso de falar assim, não!* (Coordenadora Pedagógica)

Ao citar o educador Paulo Freire, na tentativa de dar sentido à negociação como um processo democrático e dialético, a CP demonstra que esse sentido rege o seu papel articulador, mas é a compreensão mais ampla sobre o seu papel como CP que orienta sua tomada de decisão, isto é, é o sentido que atribui à totalidade do trabalho que a faz decidir.

Durante a análise, percebemos que não aparece de forma mais objetiva e recorrente, nas falas dessa CP, a relação da dimensão articuladora do seu trabalho às premissas curriculares, pedagógicas e avaliativas, necessárias para que o currículo do município seja implantado, responsabilidade que é atribuída oficialmente ao coordenador pedagógico (São Paulo, 2019).

Sobre a dimensão formativa do trabalho dessa CP na escola pública, percebemos, pela análise de sua fala, que ela a concebe como uma das funções primordiais do seu trabalho na escola. O resgate das vivências e situações como professora e como formadora, que marcam sua trajetória profissional, justifica seu interesse pela formação de professores:

> *[...] eu fui formadora de DIPED [Divisão Pedagógica], por três anos. Foi a experiência mais rica da minha vida. [...] o que era mais interessante eram algumas coisas que eu defendia em sala de aula com os meus alunos. Você fala: Nossa, agora eu posso defender isso institucionalmente!* (Coordenadora Pedagógica)

Ela destaca a *"experiência"* profissional, que a fez se identificar com a função de *"formadora"*, como propulsora da mudança das perspectivas educativas que possuía. Perspectivas que foram ratificadas, quando ocupou a função de formadora na Divisão Pedagógica da RMESP, lugar em que, segundo ela, se sentia amparada para realizar o que acreditava ser importante no trabalho com os professores. Em seu relato, a CP expressa o início de seu vislumbre sobre a formação de professores

> [...] eu me apaixonei pela coisa da formação de professores. Nunca tinha passado pela minha cabeça até então ser formadora de professores e nessa época e me apaixonei por isso. (Coordenadora Pedagógica)

Esse vislumbre se assenta num sentido atribuído à formação, pela CP, como promoção da mudança da realidade e do contexto escolar. Nessa linha de raciocínio, ela afirma que

> E eu sempre brincava em DIPED que assim, pode levar 100 anos, mas só a formação salva. (Coordenadora Pedagógica)

A expressão "*só a formação salva*" desvela que ela atribui ao seu trabalho o sentido de salvadora e afere supremacia à formação de professores no contexto educacional. O que podemos considerar é que, por mais importante que seja a dimensão formativa no contexto escolar e de uma rede de ensino, ela não pode ser vista como única via de mudança, pois dessa maneira descaracterizamos os demais determinantes que incidem na qualidade do ensino.

No entanto, ela indica outros significados que aferem sentido à dimensão formadora de seu trabalho. Na significação sobre a formação de professores, a CP aborda alguns princípios para desenvolvê-la:

> *Primeiro, eu acho que eu tive que desenvolver [...] mais ainda a questão da escuta. Eu acho que é fundamental isso. [...] Essa questão do trabalho mais democrático, essa questão de aceitar, não é só o que eu quero, é o que todos nós queremos ser [...].* (Coordenadora Pedagógica)

Os pontos trazidos pela CP são importantes para refletirmos sobre o que considera necessário para que haja um trabalho efetivo na formação de professores. Ao utilizar a palavra "*escuta*" relacionada à expressão "*trabalho mais democrático*", trata essas duas ações, próprias de seu trabalho, na perspectiva de uma educação, de alguma maneira, participativa, em que a observação e a possibilidade de participação do grupo fazem com que a atuação do CP seja mais democrática e horizontalizada. Nessa perspectiva, identificamos questões afeitas à aprendizagem e à mediação necessárias para os processos de formação continuada, o que traz como consequência o seu processo de aceitação e pertencimento à realidade escolar e, em especial, ao grupo de professores em formação. Almeida (2000) explica que "[...] A resistência é um mecanismo de defesa regulador [...] é por isso que sentir-se aceita, valorizada, ouvida com suas experiências, percepções, sucessos e insucessos, faz com que a ameaça seja diminuída, tornando a pessoa mais aberta à nova experiência" (p. 79). Nesse caso, ouvir os professores e promover processos mais democráticos de decisão dá sentido ao seu trabalho, porque, ao escutar os professores, ela, por um lado, permite que vivenciem novas experiências e sejam valorizados e, por outro, ela promove sua própria aceitação pelo grupo.

A CP também admite, em sua fala, que, na formação continuada para o coordenador pedagógico, oferecida pela RMESP[5], há pontos que necessitam de melhoria:

> *E eu acho que a formação não me auxilia muito. A própria questão racial e a própria questão do racismo é uma coisa que eu, como coordenadora preta, eu trabalho muito na minha escola [...].* (Coordenadora Pedagógica)

Encontramos presente nessa fala as pautas que a CP elegeu como fundamentais para a sua atuação no âmbito institucional da escola e que ela toma a vulnerabilidade com um ponto que precisa ser considerado e discutido na sua formação continuada, principalmente porque ela mesma faz esse movimento em seus momentos formativos.

---

5. A formação continuada para coordenadores pedagógicos é planejada e estipulada pela Coordenadoria Pedagógica (COPED), da Secretaria Municipal de Educação, que se consolida regionalmente por meio da DRE/São Mateus e é organizada e ministrada localmente pela Divisão Pedagógica (DIPED).

Portanto, seria papel dos processos formativos dos coordenadores abordar tais temáticas, tão necessárias para o enfrentamento do cotidiano escolar, pois, se houvesse articulação entre o conteúdo que ela se dispõe a problematizar na escola e o conteúdo ofertado em sua formação continuada, esta articulação teria um significado para ela que mudaria o sentido de seu trabalho.

E eu acho que as formações de CP têm que abarcar isso. Sabe por quê? Porque está lá na escola e com isso, efetivamente, que a gente vai lidar todo dia. A gente vai lidar com homofobia, a gente vai lidar com bullying, vai lidar com racismo, a gente vai lidar isso com o mal que as redes sociais fazem, as fakes news. Então, em que momento a gente trabalha isso? Porque isso de fato está lá na escola. (Coordenadora Pedagógica)

Nesse caso, as temáticas citadas fazem parte de um repertório de formação que lhe é próprio, mas ela não encontra, na sua formação continuada, algum tipo de reverberação. Para essa CP, a formação continuada precisaria ajudá-la a *"dar conta"* das questões sociais, para que pudesse realizar um trabalho pedagógico que promovesse mudanças nas práticas educativas da escola.

Nessa mesma direção, a dimensão transformadora do trabalho dessa CP aparece quando ela atribui significado à educação como um *"ato de amor"* e a escola como *"um lugar que me faz feliz"*. Esta CP expressa o seu sentimento de pertença à unidade na qual trabalhou como professora e escolheu continuar como coordenadora, relacionando-a com o seu processo de constituição identitária. A partir de sua significação em relação ao lugar que ocupa na escola e da própria escola, pudemos analisar como ela identifica o processo de transformação que promove na unidade escolar.

Embora não demarque de maneira objetiva e incisiva a sua atuação como coordenadora, o faz como educadora em seu amplo sentido, entendendo que a sua atuação é um construto de ações pedagógicas que buscam a transformação social dos sujeitos com os quais trabalha. Essa perspectiva pode ser encontrada quando afirma que

...então eu vejo o quanto as minhas falas, os meus sonhos reverberam e o quanto as pessoas acabam embarcando em algumas coisas. (Coordenadora Pedagógica)

Desta forma, percebemos que há uma construção de sentido identitário iniciado pelas relações e interações sociais e humanas estabelecidas e evocadas pelo fenômeno da educação e da identidade do educador/professor, prevalecendo mais uma perspectiva particular da CP e suas pautas políticas de atuação na escola pública do que uma orientação mais abrangente do PPP da escola, permeados pelas orientações do currículo da cidade.

Desta maneira, a dimensão transformadora do trabalho dessa CP é percebida por ela pelo ambiente/clima escolar, seja em pequenas mudanças, às vezes não tão significativas, ou quando há uma consolidação identitária por parte do CP como profissional. Nesse caso, "o reconhecimento de seu trabalho pelos demais educadores o mantém, mesmo que não ocorram, na prática cotidiana, mudanças significativas" (Placco; Almeida; Souza, 2015, p. 21).

A dimensão transformadora do trabalho dessa CP também aparece quando ela atribui significado nas finalidades da escola voltadas para a educação da *"classe trabalhadora".* Ela atribui ao professor, trabalhador da educação, a responsabilidade de reconhecimento desse lugar como profissional e, principalmente, como agente de transformação social, fazendo-o compreender o trabalho pedagógico desenvolvido na escola como forma de transformação social para diminuir a vulnerabilidade dos estudantes e proporcionar um processo crítico sobre o contexto em que vivem.

Ao abordar o processo de transformação que a educação escolar necessita atingir na realidade social que se insere, a CP afirma que:

E que você tem muito o que fazer por essa classe trabalhadora e que é que ali, naquele lugar, sim, você pode se transformar. Sabe por quê? Essa é outra questão. Educar é também transformar vidas. E isso é possível. Você como professor. (Coordenadora Pedagógica)

Ela chama a atenção dos professores porque também os reconhece como sendo da classe trabalhadora:

> *Você fez pedagogia ou história, ou licenciatura, ou qualquer coisa, qualquer das licenciaturas, porque era a faculdade mais barata que você tinha acesso. Era uma faculdade que você tinha acesso. Você também é pobre! Ou foi pobre.* (Coordenadora Pedagógica)

Observamos que essa profissional possui um comprometimento social com a escola e com aqueles que dela fazem parte, em especial por entender o espaço educativo como transformador da realidade dos estudantes. Ao apresentar a expressão *"olhar diferenciado"* para explicar que o professor precisa desenvolver o seu trabalho a partir de sua compreensão da realidade social dos estudantes, demonstra que o sentido do seu trabalho como CP está nesse comprometimento.

No entanto, reconhecer a origem dos professores e dos estudantes não é suficiente para mudar suas realidades sociais. Nessa direção, cabe ressaltar que a dimensão transformadora do trabalho do coordenador pedagógico abrange processos que devem possibilitar um melhor ensino e que isso só ocorrerá em conjunto com as dimensões articuladora e formativa do seu trabalho como CP, isto é, para que ocorram transformações nas práticas pedagógicas e se construa a escola que ela almeja é necessário constituir um coletivo de professores e instalar processos formativos dialógicos e constantes que incidam nas mudanças das práticas educativas e na consolidação do PPP da escola. De certa forma, levando em consideração as significações e sentidos até aqui expostos, é possível perceber que as dimensões articuladora e formadora do trabalho dessa CP apresenta princípios que vão nessa mesma direção.

Considerações sobre o sentido do trabalho do coordenador para uma escola reflexiva

Reconhecer sentidos e significados sobre o trabalho do coordenador pedagógico, é um processo complexo e rigoroso. Nossa intenção, com este texto, foi apresentar, mesmo que de maneira sumária, algumas considerações sobre o trabalho desenvolvido em uma escola pública, por uma coordenadora pedagógica, dando destaque às suas dimensões articuladora, formadora e transformadora.

Nesse processo, foi possível identificar que a CP em questão se empenha em desenvolver o seu trabalho com o grupo de professores, preservando a qualidade das relações interpessoais existentes na escola. Promove, nos encontros de formação, momentos de escuta e de diálogo entre os professores e professoras, com o intuito de minimizar a incidência de conflitos, sem, no entanto, descaracterizar sua autoridade.

As pautas de formação selecionadas por essa profissional estão relacionadas à defesa de uma educação antirracista e respeito à diversidade, assim como, à defesa de uma educação que se preocupa com as condições sociais e de vulnerabilidade a que está exposta a maioria dos estudantes que frequentam as escolas públicas brasileiras. Para tanto, procura chamar à atenção à própria vulnerabilidade e condições de formação dos professores, deixando claro a importância de eles assumirem um compromisso profissional e político com o seu trabalho.

Assim, conseguimos perceber que essa coordenadora se mostrou muito capaz e disposta na função que desempenha e no desenvolvimento de projetos que lidera, tornando-se uma profissional de grande importância para a unidade escolar. Por meio de suas narrativas, pudemos observar que há um grande entusiasmo e crença na capacidade e potencialidade de transformação da educação, principalmente ao se tratar de uma realidade periférica e vulnerável na qual a sua escola se encontra.

No entanto, como parte integrante dos processos de transformação da realidade escolar, a escola também precisa voltar-se a ações específicas de cunho didático e pedagógico, no sentido de elaborar, acompanhar e desenvolver, em sala de aula, práticas educativas que promovam a melhoria da qualidade do ensino e da aprendizagem dos estudantes, o que requer ações específicas de acompanhamento e formação dos docentes, promovidas pela coordenação pedagógica, em consonância com a projeto político pedagógico da escola.

Nessa direção, não percebemos, no decorrer da análise da fala da coordenadora pedagógica, nenhuma significação relacionada às ações dedicadas à problematização das práticas educativas cotidianas da escola, nem tampouco à construção do PPP. Não houve menção de qual era o PPP da escola, se era de conhecimento de todos os envolvidos e se foi desenvolvido coletivamente, o que acaba por evidenciar que as pautas de formação e discussão na escola foram selecionadas individualmente pela coordenação e não de maneira coletiva pelos diversos segmentos da escola.

Trata-se de uma constatação importante, pois, para Placco, Almeida e Souza (2015),

> Outra prática educativa relacionada às funções do CP é referente à gestão do projeto político pedagógico da escola (PPP), que envolve a participação coletiva e gestão democrática. A participação do coletivo para elaboração, execução e avaliação do PPP é um dos grandes desafios da escola e do trabalho do CP (p. 16)

Este ponto é importante porque toda a ação do coordenador deveria ser orientada pelas premissas do PPP, que, por sua vez, deveria ser resultado de uma construção coletiva e democrática na escola.

Veiga (2004) explica que "o movimento coletivo é um recurso teórico-metodológico que explicita as finalidades e os objetivos, as orientações e os fundamentos epistemológicos de uma concepção educativa" (p. 79). Portanto, como recurso teórico - metodológico, seria função do trabalho da coordenação pedagógica, em sua dimensão articuladora e formadora, mobilizar um movimento coletivo na escola com vistas a construir e manter o seu PPP. Cabe ressaltar que o movimento coletivo "é um movimento institucional que extrapola o interpessoal visando atingir a organização do trabalho pedagógico e as funções precípuas da escola" (Veiga, 2004, p. 79). Para tanto, seria necessário que o coordenador pedagógico tivesse convicção de que ele é um agente fundamental na escola, mas não é o único, e que, por isso, seu trabalho necessita ser orientado para a construção de objetivos comuns a todos os agentes da escola, a serem expressos em seu PPP.

Portanto, para caminharmos na direção da construção de uma escola reflexiva, o trabalho da coordenação pedagógica é fundamental e deve estar voltado essencialmente à construção de uma proposta de escola.

Escola reflexiva é um termo cunhado por Alarcão (2003). Surge em seus estudos quando, ao ocupar cargos de gestão e se distanciar da sala de aula, percebeu com maior nitidez que a escola é "[...] um organismo vivo, também ela em desenvolvimento e aprendizagem, norteada por uma finalidade (educar) que se concretiza num grande plano de ação: o projeto educativo" (p. 79).

Para a escola se transformar numa escola reflexiva, precisa criar uma rotina de pensar-se a si própria, isto é, pensar sua missão social e sua organização, num constante movimento entre processos formativos e processos avaliativos coexistentes, porque a escola "nunca está verdadeiramente feita" (Alarcão, 2003, p. 83).

Assim, para que haja a construção de uma escola reflexiva, as dimensões articuladora e formadora do trabalho do CP precisam estar em consonância com a construção e/ou consolidação do projeto político pedagógico da escola. Cabe ao coordenador pedagógico compreender que essas dimensões acontecem por meio de ações relacionais grupais estabelecidas pela sua ação de liderança e gestão dos encontros formativos, mas também, pelos processos subjetivos dos demais agentes, que se traduzem no clima organizacional, na sensação de pertença, na construção de suas identidades individuais, no seu reconhecimento como autores nesse processo.

Desta maneira, a dimensão transformadora do trabalho da coordenação pedagógica pode ser vista como um construto de todas as ações articuladoras e formativas que esse profissional desenvolve na escola, tendo como referência o projeto político pedagógico, ações que provocam mudanças no ambiente escolar, com perspectivas de desenvolvimento da aprendizagem dos estudantes, os quais têm o direito a uma educação de qualidade, para que possam se desenvolver emocional, afetiva e profissionalmente e exercer sua cidadania. Esse, de fato, é um desafio, principalmente pelo cenário educacional que se apresenta na atualidade.

Referências

ALARCÃO, Isabel. *Professores Reflexivos em uma escola reflexiva.* São Paulo: Cortez, 2003.

ALMEIDA, L. R. A dimensão relacional no processo de formação docente. In: ALMEIDA, L. R. de; PLACCO, V. M. N. S. (org.) *O coordenador pedagógico e a formação docente.* São Paulo: Loyola, 2000, p. 78-88.

_____. O relacionamento interpessoal na coordenação pedagógica. In: ALMEIDA, L. R. de; PLACCO, V. M. N. S. (org.) *O coordenador pedagógico e o espaço da mudança.* São Paulo: Loyola, ³2003, p. 67-79.

BRUNO, Eliane Bambini Gorgueira; ABREU, Luci Castor de. O coordenador pedagógico e a questão do fracasso escolar. In: ALMEIDA, L. R. de; PLACCO, V. M. N. S. (org.) *O coordenador pedagógico e as questões da contemporaneidade.* São Paulo: Loyola, 2006, p. 93-108.

GEGLIO, P. C. O papel do coordenador pedagógico na formação do professor em serviço. In: ALMEIDA, L. R. de; PLACCO, V. M. N. S. (org.) *O coordenador e o cotidiano da escola.* São Paulo: Loyola, 2003, p. 113-120.

IMBERNÓN, Francisco. *Formação permanente do professorado, novas tendências.* São Paulo: Cortez, 2009.

OLIVEIRA, Marta Kohl. *Vygotsky: Aprendizagem e desenvolvimento um processo sócio-histórico.* São Paulo: Scipione Ltda, ²1995.

ORSOLON, Luzia Angelina Marino. O coordenador/formador com um dos agentes de transformação da/na escola. ALMEIDA, L. R. de; PLACCO, V. M. N. S. (org.) *O coordenador pedagógico e o espaço da mudança.* São Paulo: Loyola, ³2003, p. 17-26.

PLACCO, V. M. N. S.; ALMEIDA, L. R. de; SOUZA, V. L. T. de. Retrato do coordenador pedagógico brasileiro: nuanças das funções articuladoras e transformadoras. In: PLACCO, V. M. N. S.; ALMEIDA, L. R. de. (org.) *O coordenador pedagógico no espaço escolar: articulador, formador e transformador.* São Paulo: Loyola, 2015, p. 9-24.

SÃO PAULO (SP). Secretaria Municipal de Educação. Coordenadoria Pedagógica. *Orientações didáticas do currículo da cidade: Coordenação pedagógica.* São Paulo: SME/COPED, ²2019.

VEIGA, I. P. A. *Educação Básica e Educação Superior: projeto político pedagógico.* Campinas: Papirus, 2004.

VIEIRA, Paulo Luiz. *Os sentidos do papel do coordenador pedagógico na escola pública, uma perspectiva Histórico Cultural.* 235 f. Tese (Doutorado em Educação). Escola de Filosofia, Letras e Ciências Humanas. Programa de Pós-graduação em Educação, Universidade Federal de São Paulo, Guarulhos, 2024.

VYGOTSKY, L. S. *A formação social da mente.* São Paulo: Martins Fontes, ⁷2007.

Caminhos e Obstáculos para uma Cultura de Reflexão na Escola: a visão de professores e coordenadores

Leticia Sodré[1]
(leticia.rasc@gmail.com)
Tizuko Morchida Kishimoto[2]
(tmkishim@usp.br)

Introdução

Este capítulo aborda os caminhos e obstáculos, percebidos por professores e coordenadores, para sustentar uma cultura de reflexão dentro da escola. Nesta discussão, será apresentado um paradoxo: enquanto se espera contar com profissionais reflexivos, há também a expectativa de que eles exerçam essa atitude mesmo na ausência de condições favoráveis. O conteúdo aqui compartilhado é um recorte, focado na prática reflexiva, da análise de entrevistas com professores e coordenadores pedagógicos em processo de formação continuada, no contexto da tese de doutorado de Sodré (2024).

Mas o que se entende por prática reflexiva na escola? Na concepção do docente P02 (2021), refletir é o que faz de um professor um "bom professor": aquele que tem consciência de si e da sua prática, que "sabe o que está fazendo, por que que ele está fazendo e como ele vai fazer pra melhorar isso". Esse entendimento condiz com a concepção de Imbernón (2000) do que seja um "profissional prático-reflexivo": aquele "que se defronta com situações de incerteza, contex-

---
1. Doutora pela Faculdade de Educação da USP – FEUSP.
2. Doutora pela Faculdade de Educação da USP – FEUSP.

tualizadas e únicas, que recorre à investigação como uma forma de decidir e de intervir praticamente em tais situações" (p. 41).

De modo semelhante, Schön (1983) propõe que os profissionais reflexivos são os capazes de examinar criticamente suas próprias ações e decisões, bem como as implicações éticas, sociais e políticas de suas práticas. Para o autor, "quando alguém reflete na ação, ele torna-se um pesquisador no contexto prático. Ele não é dependente de categorias teóricas e técnicas preestabelecidas, mas constrói uma nova teoria de um caso único" (p. 68).

Para o professor P02, ter essa atitude envolve percorrer o caminho de planejar, experienciar na prática, analisar o que foi vivido – de preferência com a colaboração dos colegas – e replanejar a partir das aprendizagens geradas, iniciando um novo ciclo: "Constrói algo, compartilha, vê tentativa e erro, leva pra sala de aula, depois analisa e fala: 'deu certo isso?', 'não deu certo, funcionaria melhor dessa outra forma, o que você acha, fulano?', essa coisa de levar pra sala de aula e trazer de volta depois" (P02, 2021).

Vantagens de ser profissional reflexivo

Há uma série de benefícios em ser um profissional reflexivo. O primeiro deles é o de que a prática reflexiva é indispensável para haver aprendizagem. Dewey define o exercício reflexivo como um "esforço intencional para descobrir as relações específicas entre uma coisa que fazemos e a consequência que resulta" (1979b, p. 159), de modo a "apreender a significação de uma coisa, de um acontecimento ou de uma situação" (1979a, p. 140). Anísio Teixeira, ao mencionar a teoria pedagógica de Dewey, afirma que "não basta praticar [...] aprende-se através da reconstrução consciente da experiência" (Teixeira, 1978, p. 31-32), ou seja, da reflexão.

Além disso, como disse a professora P16, é a atividade de "refletir sobre a prática" que "traz aplicabilidade ao que se aprende" (P16, 2022). A professora P05 é da mesma opinião ao dizer que, "se a gente não estiver olhando pra aquilo que a gente faz, refletindo aquilo que a gente faz, e mudando pra aquilo que a gente acha que é certo ou que está funcionando, acho que não adianta muito" (P05, 2021).

Outro aspecto da atividade reflexiva é o de gerar responsabilização. De acordo com Dewey (1979b), uma pessoa apenas torna-se responsável por algo quando reflete sobre e elabora um significado ou interpretação própria para aquilo. De outro modo, será alheia a tal questão. Quando reflete sobre uma ideia, abre a possibilidade para que esse pensamento se torne seu, com os contornos da sua subjetividade. E é a partir de um pensamento entendido como seu que a pessoa pode projetar uma ação pela qual se responsabilize, dado que a entende como resultante de um objetivo próprio. A prática da reflexão evita, portanto, a simples sujeição do professor a determinações externas.

Tal processo se assemelha ao que Freire (1978) chama de conscientização, no qual, a partir da reflexão, do diálogo e da participação ativa, as pessoas se tornam conscientes e críticas dos elementos da realidade ao seu redor, tornando-se aptas a agir sobre ela.

O paradoxo do profissional reflexivo

Não é sem razão que a ideia de professor reflexivo é disseminada como um dos principais elementos de uma "boa escola". Porém tal unanimidade pode ser grande fonte de ansiedade em professores e coordenadores pedagógicos quando é percebida como uma responsabilidade individual desses profissionais, suscitando pensamentos como: "eu deveria ser/formar um professor reflexivo", "mas EU não consigo".

Ao tratar sobre a "desilusão" quanto ao conceito de professor reflexivo, Alarcão (2011) diz que

> Colocaram-se as expectativas demasiado alto e pensou-se que esta conceptualização, tal como um pozinho mágico, resolveria todos os problemas de formação, de desenvolvimento e de valorização dos professores. [...] Além disso, creio que o conceito essencial que lhe subjaz – o conceito de reflexão – não foi compreendido na sua profundidade e pode ter redundado, em

certos programas de formação, num mero *slogan a la mode*, mas destituído de sentido. [...] Por fim, é necessário reconhecer as dificuldades pessoais e institucionais para pôr em ação, de uma forma sistemática e não apenas pontual. (Alarcão, 2011, p. 46-47)

Enquanto cobra-se ao docente, aberta ou implicitamente, ser um profissional reflexivo, "o excesso de demandas que faz parte da tarefa do professor dificulta" (P14, 2022) manter essa postura. Isso porque tais exigências "não se fizeram acompanhar de uma melhoria efetiva dos recursos materiais e das condições de trabalho em que se exerce a docência" (Esteve, 1999, p. 106). Uma consequência disso é, principalmente nos primeiros anos de docência, o sentimento de culpa pela não adequação à concepção de "bom professor" implicitamente imposta pela lógica normativa.

Nas entrevistas feitas, professores e coordenadores pedagógicos se questionaram se a possível frustração de expectativas quanto ao próprio trabalho teria causa neles próprios, individualmente, ou se seria decorrente das condições do contexto: "Será que isso sou eu, ou será que a minha rotina não está permitindo que eu tome controle dessas habilidades? Será que está me faltando realmente, ou será que falta de repente um pouco de tempo, um pouco de calma, um pouco mais de estrutura?" (P04, 2021). Esteve (1999) responde: "para enfrentar de forma efetiva o mal-estar docente, onde se deve atuar prioritariamente é sobre suas condições de trabalho e sobre o apoio que o professor recebe para realizá-lo" (p. 144).

O paradoxo aqui exposto é o de esperar professores e coordenadores reflexivos sem que estes contem com condições adequadas para exercerem tal atitude. Trata-se de uma expectativa contraditória porque, conforme Hargreaves e Fullan (1992),

> As sementes do desenvolvimento não crescerão se forem lançadas em terreno pedregoso. A reflexão crítica não terá lugar se não houver tempo nem incentivo para isso. Os professores pouco aprenderão entre si se persistentemente trabalharem isolados. [...] A natureza do contexto pode determinar o sucesso

ou o fracasso dos esforços de desenvolvimento dos professores. (Hargreaves; Fullan, 1992, p. 13, tradução nossa)

Como disseram os autores, as condições de trabalho podem favorecer ou dificultar a prática reflexiva na escola. É sobre isso que falaremos agora.

Condições que favorecem a reflexão

Segundo a coordenadora C21, uma postura reflexiva requer condições propícias: "Você prepara o terreno, tem um ciclo de plantio, de rega, e o negócio brota [...] porque toda a atmosfera e o clima estão propícios pra isso" (C21, 2021). A partir desse mesmo entendimento, a coordenadora C21 se questiona: "O que eu preciso oferecer pra ele, pra que ele consiga fazer isso? Qual a estrutura que precisa ter pra ele fazer isso, qual é o suporte que ele precisa pra fazer isso?" (C23, 2021).

O professor e o coordenador reflexivo que existem em estado de latência – estado de semente – dentro desses profissionais, necessitam de uma escola reflexiva – de um solo fértil – para germinar. Nas palavras de Alarcão, "A escola tem de ser organizada de modo a criar condições de reflexividade individuais e coletivas. [...] A escola tem de se pensar a si própria, na sua missão e no modo como se organiza para a cumprir. Tem, também ela, de ser reflexiva" (Alarcão, 2011, p. 47).

Quais seriam, então, essas condições?

Tempo

A palavra "tempo" e seus termos afins foram os mais mencionados no estudo de caso que gerou os dados aqui apresentados (Sodré, 2024). Isso porque o tempo diz respeito a todo tipo de interação que ocorre dentro da escola. Quando se fala em tempo, fala-se da possibilidade de realizar algo e da qualidade com que isso poderá ser feito. Das falas referentes a esse tópico, o comentário mais frequente foi o de não haver tempo suficiente e de qualidade para cumprir todas as atribuições dentro das horas de trabalho previstas: "Falta tempo não só pra planejamento, mas também de execução de atividades com os alunos, de realização. O que tem de errado nesse horário, que a gente também não consegue achar a solução?" (P08, 2021).

Junto com as responsabilidades relativas ao planejamento, facilitação e avaliação das experiências de aprendizagem, o tempo de um professor reflexivo é usado para – entre tantos outros compromissos – discutir tópicos da docência com seus pares, de preferência em pequenos grupos; observar a atuação dos colegas; dar e receber retornos (*feedback*) sobre o que observa e como é observado; organizar a sua documentação pedagógica; analisar cuidadosamente as produções dos estudantes, individual ou coletivamente; fazer registros reflexivos sobre sua prática; e replanejar as aulas a partir das reflexões que fez.

Ferry (1997) afirma que o exercício de "pensar, refletir sobre o que foi feito, buscar outras formas de fazer" (p. 55) demanda um tempo e um espaço segregados da prática cotidiana, tendo em vista que, ao lecionar, o professor está trabalhando para os estudantes, enquanto, ao se formar, está trabalhando sobre si mesmo, e não é possível realizar as duas ações ao mesmo tempo. Os professores e coordenadores pedagógicos reconhecem essa necessidade: "Eu acho que tem de se criar espaços de tempo pra que isso [o registro e a reflexão] aconteça. Se os professores estão só na correria, dificilmente eles vão querer rever o que eles já tão fazendo, né?" (P03, 2021); "Que tempo a gente dá para as pessoas irem assimilando isso que a gente está apresentando? Quando é que a gente conversa sobre o que isso foi?" (P17, 2022).

Para além da delimitação de uma quantidade de tempo, exercer o papel de professor pesquisador e reflexivo demanda uma outra qualidade de tempo, um outro ritmo: "É um fazer sem fim. Acho que a gente precisa de ritmos dentro da escola. [...] Se a gente está numa comunidade que tem ritmos, é mais fácil a gente fazer isso [refletir sobre as experiências]" (C22, 2021). Nas entrevistas, professores e coordenadores pedem por ciclos de aprendizagem que possibilitem pausar, olhar para trás, refletir, colher as aprendizagens do que foi vivido e celebrar as conquistas.

Espaço

O espaço, tanto físico, quanto mental, também impacta o exercício reflexivo dentro da escola. Para que possam refletir em grupo, "os professores têm condições de se encontrarem ao longo do dia? Têm espaço, têm sala suficiente?" (P05, 2021). Segundo a professora P11 (2022), é importante um espaço que possibilite a concentração, minimizando interrupções. A coordenadora C21 concorda com tal posição, alertando que "a gente precisa de espaços de conexão e desconexão e a gente precisa construir esses espaços mais intencionalmente" (C21, 2021). Outra intencionalidade poderia ser, por exemplo, a de pensar uma "estratégia de espaço de como é que a gente faz todo mundo se sentir visto e implicado" (P17, 2022).

Já o espaço mental pode ser entendido a partir dos processos de "absorção e incubação" descritos por Dewey (1979a). O autor diz que, depois de nos debruçarmos e refletirmos intensamente sobre um determinado tópico, e chegarmos a uma "saturação" dessa investigação, só conseguimos avançar, obtendo "soluções e descobertas", quando há um "afrouxamento da tensão". A professora P11 ilustra como isso ocorre:

> Muitas vezes, quando eu estou em casa assistindo série, eu falo: "nossa, eu podia fazer isso na sala de aula" [...] e quando eu estou aqui quebrando a cabeça em qual estratégia eu vou usar, não vem a ideia. [...] A gente está buscando espaço, a gente está buscando uma ampliação para que a gente adquira conexões. (P11, 2022)

Informação

As informações que o professor detém também condicionam a amplitude do seu exercício reflexivo. A professora P04 (2021) menciona ser "muito importante a gente saber das crianças, de onde elas vêm, quem são essas famílias", para refletir sobre a prática. Já o coordenador C02 (2022) ressalta a importância da teoria educacional, dizendo que "a reflexão, quando é alimentada por uma teoria, consegue modificar a prática de uma maneira consciente, de uma maneira efetiva, de uma maneira que tenha um sentido e um propósito".

São também insumo para a reflexão as informações vindas dos colegas quanto a outras possibilidades do exercício docente, "de sentar com alguém e falar: 'Nossa, você tem os mesmos problemas? Que incrível, não sou só eu!', 'Isso acontece? E aí, como é que você resolve?'" (P04, 2021). Tais trocas, segundo os entrevistados, podem levar a práticas como a de observar as aulas uns dos outros e compartilhar o planejamento didático e as produções dos estudantes com os pares, para então fazer perguntas e comentários quanto ao que foi observado, diminuindo os pontos cegos de uma percepção apenas individual.

Além disso, deter informações sobre o projeto da escola – seus objetivos para os estudantes e expectativas sobre os professores – dá condições para que os docentes se corresponsabilizem por ele, exercendo uma atitude de pesquisa:

> Quando a gente tem o objetivo e a intencionalidade bem claros, é mais fácil observar quais são as estratégias que estão funcionando com aquele coletivo, quais são as estratégias que não estão funcionando e quais são as estratégias que precisam ser adaptadas. Se a gente não tem as regras do jogo declaradas, fica difícil até entender qual a variável que não tá rolando, sabe? (P16, 2022)

Porém, para a reflexão do professor e do coordenador pedagógico, é importante ter ciência não só da intencionalidade da escola, como também da própria intencionalidade enquanto profissionais. É isso que permite agir a partir de um objetivo, de ter uma ação deliberada, que "subentende um fim conscientemente previsto e a operação mental de pesar os prós e os contras. Subentende também um estado consciente do desejo de atingir o fim" (Dewey, 1979b, p. 381). O oposto disso seria a alienação.

Segundo o professor P02, a alienação do docente decorre da sua atuação apenas sobre uma parcela daquilo que é desenvolvido na escola, sem ter a consciência do contexto em que ela está inserida e das conexões que se estabelecem entre as partes.

> Você só pega um pedacinho do aluno, um ano do aluno, e aí você faz aquele pedaço daquela disciplina que você dá e em pouco tempo você se esquece porque você está fazendo tudo aquilo, né? Isso é alienação. Professores infelizes são aqueles professores que não veem mais sentido naquilo que eles estão fazendo, que eles não conseguem ver mais o todo. Aquele professor que chega em casa, fala: "Trabalhei hoje" e esquece tudo. (P02, 2021)

Cultura participativa e colaborativa

A prática reflexiva na escola demanda uma cultura em que todos prezam e agem pela melhoria do trabalho oferecido.

> Se você vê um ponto cego e pensa: "Eu vou falar sobre isso aqui? Sei que vai dar um problema do caramba!", daí continua o ponto cego. Agora você vê um ponto cego e fala: "Nossa, que importante ter visto isso aqui, acho que eu posso colaborar pra mudar, e quando eu trouxer isso à tona, isso não vai ser prejudicial pra mim mesma", você vai lá e resolve. [...] A gente fala de cultura de sala de aula, que você pode errar e ninguém vai te zoar, é isso também pros professores, né? (P07, 2021)

Essa cultura exige que a escola seja um ambiente seguro para se expressar, "porque nós [os professores] somos ensinados a compartilhar sucessos, mas não somos tão incentivados a compartilhar coisas que deram errado, ou dúvidas. A gente tem muita vergonha da nossa dúvida, a gente tem muita vergonha da nossa falha" (P09, 2021). É bem-vindo que haja espaço para se vulnerabilizar, dado que a confiança exigida para expor uma ignorância é a mesma que abre espaço para construir o novo, "o ambiente em que as pessoas falam 'Eu não sei' é o mesmo ambiente que as pessoas falam 'Tenho uma ideia!'" (P09, 2021).

A escuta dos professores, destacadamente quando se trata de suas contestações e reivindicações, também é o que dá insumo para a reflexão e o replanejamento de ações dos coordenadores pedagógicos. Para as coordenadoras entrevistadas, "quando a gente reclama da reclamação, a gente também precisa se perguntar por que que está vindo tanta reclamação. O indivíduo está querendo dizer o quê?" (C07, 2022), "porque talvez essa pessoa tenha alguma coisa que vai me ajudar a recalcular a rota" (C20, 2022). O avesso da "reclamação" seria a indiferença dos docentes. Mesmo para exercer discordância, é necessário haver interesse em participar da construção conjunta do projeto da escola. Como dito pela professora P06, "[Se] o professor não expressa o desacordo dele, então ele faz de conta. Isso não ajuda nem escola, nem o próprio professor, e é meio como se ele estivesse boicotando. [...] As pessoas precisam estar mexidas com a coisa, mesmo para discordar" (P06, 2022).

Para que essa cultura se desenvolva é também necessária a confiança da gestão e da coordenação pedagógica em oferecer aos professores oportunidades de exercitarem uma postura reflexiva e de pesquisa. De outro modo, ocorre um ciclo vicioso: não havendo confiança, não se oferece espaço para o exercício da pesquisa e da reflexão, a qual, sem ser praticada, não se desenvolve, o que por sua vez pode gerar insegurança em abrir espaços para a investigação do professor.

As pedras no meio do caminho

Como se pode supor, há uma série de empecilhos para a escola oferecer essas condições. Dentre eles, os maiores obstáculos são a cultura do aplicacionismo (Imbernón, 2000), do gerencialismo e da performatividade (Ball, 2005).

A cultura aplicacionista "supõe a existência de soluções [para as questões vivenciadas pelos professores] elaboradas por especialistas fora da classe [docente]" (Imbernón, 2000, p. 56), baseando-se em uma visão de professor "dotado apenas de competências de aplicação técnica" (p. 54). A fragilidade dessa concepção, para esse autor, é a de não pressupor – e, consequentemente, não atender – as particularidades dos diversos professores e contextos escolares. Nela, o conhecimento profissional docente não é reconhecido como válido (Nóvoa, 2023).

Também faz parte dessa cultura ter alguém que "vai me julgar, vai me avaliar, vai dizer se eu sou boa" (C22, 2021), oferecendo uma motivação extrínseca à própria atuação do docente, "com pouquíssimo desenvolvimento de uma reflexão crítica sobre o que que eu quero e o que faz sentido pra mim" (Idem). Isso vai no sentido oposto de uma perspectiva de professor autor, pesquisador e reflexivo sobre a sua prática.

Do mesmo modo, entendemos que as situações compartilhadas pelos entrevistados sejam reflexo do gerencialismo, que consiste em uma "formação cultural e conjunto distinto de ideologias e práticas" (Newman; Clarke, 2012, p. 355) pautadas na ideia de que a maximização da eficiência e da produtividade através de técnicas de gerenciamento avançadas são a principal via de sucesso de uma organização, seja ela pública ou privada. De acordo com Ball (2005), esse movimento, acompanhado da performatividade, vem desmantelando "os sistemas ético-profissionais que prevaleciam nas escolas, provocando sua substituição por sistemas empresariais competitivos" (p. 544).

Já performatividade

> é uma tecnologia, uma cultura e um método de regulamentação que emprega julgamentos, comparações e demonstrações como meios de controle, atrito e mudança. Os desempenhos de sujeitos individuais ou de organizações servem de parâmetros de produtividade ou de resultado, ou servem ainda como demonstrações de "qualidade" em "momentos" de promoção ou inspeção. Eles significam ou representam merecimento, qualidade ou valor de um indivíduo ou organização dentro de uma área de julgamento. (Ball, 2005, p. 543)

A cultura da performatividade na área da educação é o que mais motiva os professores a saírem da profissão (Perryman; Calvert, 2019). Uma das razões centrais para isso é o fato de as atribuições dos professores serem direcionadas cada vez mais para avaliação e mensuração do desenvolvimento dos estudantes, restringindo o tempo dedicado aos aspectos mais criativos da atuação profissional.

Faz parte dessa cultura um enfoque exacerbado na produção, no "fazer", muitas vezes de modo pouco observador. Essa atitude é reforçada pelo fato de que os professores "são impelidos a usar estrategicamente o tempo para maximizar os resultados dos seus alunos e turmas, sabendo *a priori* que a sua imagem como profissionais depende fortemente destes indicadores" (Torres, 2022). A professora P06 diz sobre isso que, ficando "só no fazer, fazer, fazer, a gente até pode ser eficiente, mas a gente não amplia o trabalho, sabe? [...] [O que amplia é] esse momento de parar, rever aquilo que você fez, pensar melhores práticas" (P06, 2021).

Soma-se a isso a ênfase dada pela cultura da performatividade à conduta individual, em detrimento da atuação coletiva dos profissionais na escola. Segundo Ball (2005),

> existem pressões sobre os indivíduos, formalizadas por meio de avaliações, revisões anuais e bancos de dados, para que deem sua contribuição à performatividade da unidade. Aí reside uma possibilidade concreta de que as relações sociais autênticas sejam substituídas por relações performativas, em que as pessoas são valorizadas com base exclusivamente na sua produtividade. (p. 556)

Como então construir as condições para o desenvolvimento de uma escola reflexiva, tendo em vista a existência de movimentos com uma força tão intensa no sentido oposto?

Os caminhos

Intencionalidade

O primeiro passo é, como disse a coordenadora C07, a escola afirmar: "Quero ter na minha escola professores capazes de tomar decisões, de participar e de entender, e estou aberta para entender o que eles trazem, como parte do processo de criação dessa instituição que eu desejo ter" (C07, 2022). A partir disso, os entrevistados destacam como é importante a gestão da escola acreditar e valorizar essa proposta, caso contrário ela não será priorizada frente a outras iniciativas e demandas: "Tem que ter uma coisa da gestão assumir que isso é importante, [...] [senão] já era" (P06, 2022).

Ter clara e anunciada a visão que a escola tem do docente é o que condiciona as abordagens a ele direcionadas: a forma como se faz a comunicação junto a ele, o desenho das suas atribuições, a organização dos horários das aulas e as estratégias de formação continuada, para citar alguns exemplos.

O Projeto Político-Pedagógico (PPP) da escola é o espaço para afirmar e formalizar essa intencionalidade. Para a professora P06, "o que impede [o processo de tomada de decisão conjunta e refletida] é isso não estar claro no projeto pedagógico da escola e não ter esse tempo destinado" (P06, 2022). Caso essa intencionalidade não seja incorporada e sustentada por todos, a escola se embasará em um "currículo oculto relativamente ao papel do professor, da escola, do currículo, do conhecimento" (Formosinho; Machado, 2009, p. 146), o qual muitas vezes pode destoar daquilo que a escola deseja ser.

Isso porque, segundo o coordenador C02, "muitas vezes a gestão pensa em *onde eu quero estar* e esquece *onde está naquele momento*" (C02, 2022). Na definição da intencionalidade de uma comunidade escolar, há que considerar as particularidades do contexto: as condições de trabalho lá existentes, o perfil dos seus profissionais, e as diferentes visões de educação e expectativas quanto à prática pedagógica que coexistem na escola. Entendemos que, sem levar isso em conta, tende-se a sugerir aos professores "soluções mágicas – 'ah, é só fazer isso, é só fazer aquilo' –, sem a empatia de entender a complexidade que é estar numa sala de aula aqui nesta escola especificamente" (P11, 2022).

A intencionalidade não se sustenta se definida de forma isolada. Afinal, "o que a coordenação acha que precisa ser desenvolvido não é necessariamente o que o professor quer desenvolver nesse momento, então tem que ver como que a gente honra as duas coisas" (P03, 2021). Além disso, a intencionalidade não é algo estanque, pronto para ser assimilado, mas sim um organismo vivo e complexo, composto daquilo que cada um dos atores da comunidade escolar entende como o propósito do seu trabalho na escola, em interação dialógica e dialética.

Isso posto, ao mesmo tempo que se deve fazer um trabalho individual – facilitado pelo coletivo – em que o professor adquire lucidez sobre a própria intencionalidade, é necessário que os outros atores, com destaque para a gestão e coordenação pedagógica, também o façam e compartilhem suas percepções, tendo em vista que "para que uma organização mude é condição necessária que mudem, em simultâneo, as crenças, os valores e atitudes dos que, pela sua ação, 'constroem' a organização" (Canário, 1994, p. 13).

Ter no horizonte a visão dessa intencionalidade, além de dar – tanto a professores quanto aos coordenadores pedagógicos – uma direção mais clara para a sua atuação, permite dimensionar a relevância de cada experiência frente ao todo do funcionamento da escola, dando também uma direção mais assertiva à reflexão sobre a sua prática.

> A construção de significado tem a ver com a visão afastada do pontual. Ela tem a ver com uma visão de onde se pretende chegar a longo prazo, o que eu pretendo, até o que a instituição entende como educação. [...] Quem a escola forma? Como ela forma? Pra quem, pra onde? Pra quando ela está formando? Pra fazer o que no mundo? O educador tem essas perguntas dentro dele, mas ele tá afundado na prática, que é a correção do exercício de matemática. No dia a dia, a gente perde essa visão do todo. Então, a impressão que dá é que, quando uma coisa dá errado, tudo desmorona. Quando você olha mais o todo, você fala: "Ah, isso aqui que está acontecendo é pontual, vamos ali, depois a gente volta". [...] É poder enxergar o grande objetivo. (C07, 2022)

A definição dessa intencionalidade é essencial para oferecer e resguardar condições favoráveis à prática reflexiva dentro da escola, mas esse é apenas o primeiro movimento. A fim de aumentar as chances dessa intencionalidade se concretizar, faz-se necessário planejar ações que se direcionem a ela, levando em conta os prováveis obstáculos dessa jornada.

Planejamento

O planejamento das ações da escola deve representar uma ponte entre o presente e a projeção do futuro. O desenho dessa ponte deverá retratar de que modo as definições quanto à grade horária dos professores; ao tom e o conteúdo das comunicações direcionadas a eles; à divisão de atribuições; à cultura de tomada de decisões; e às demais propostas da escola se direcionam rumo à intencionalidade construída.

Em qualquer fase em que a escola estiver, cabe a ela optar pelo tipo de comunidade (ou de mundo) que deseja construir, para então agir de acordo com essa visão, considerando os fatores ecológicos (Bronfenbrenner, 1979) macrossistêmicos (como a cultura da performatividade e do aplicacionismo), exossistêmicos (como a relação da gestão com as famílias dos estudantes) e mesossistêmicos (as relações entre os microssistemas de cada sala de aula ou entre o local de trabalho e a casa de cada professor, por exemplo).

Fazer essa escolha pressupõe que tudo o que não condiga com a construção pretendida seja renunciado, por mais que se esteja acostumado ou afeto a determinado modo de proceder. Essa coerência também deve se manifestar na correlação entre o que se espera do professor e as condições oferecidas para o seu exercício profissional.

De acordo com Knoster (1991), se os membros de uma organização não têm os recursos necessários para cumprir seu papel, isso acaba por gerar frustração, dada a inviabilidade de realizar o trabalho tal como fora planejado. A partir disso, a professora P17 sugere que "a instituição, antes de chegar lá nos professores, tenha coerência entre o que ela espera e o que é a realidade dela" (P17, 2022). Segundo a entrevistada, a pergunta a ser feita para possibilitar essa coerência é:

O quão viável é a estratégia dentro de determinado ambiente? Por exemplo, eu dizer para os professores que uma estratégia para os alunos aprenderem super bem é trabalhar em minigrupos de 3 ou 4 alunos, e eu estou trabalhando numa escola que tem salas de 45. Talvez não adiante chegar com uma super estratégia dentro de um contexto em que essa estratégia é muito difícil de ser colocada em prática, dentro de um contexto que desfavorece muito. Por mais que a gente saiba que uma estratégia é muito boa em determinada situação, nem sempre ela vai ser boa em todas as situações, porque depende do que você tem de recursos materiais, de espaço, das pessoas. (P17, 2022)

Após a elaboração do planejamento, exige-se consistência na realização das ações previstas. É desse modo que as práticas desejáveis farão parte do cotidiano escolar e, aos poucos, se tornarão cultura.

Gestão

Como dito pela coordenadora C07 (2022), "Criação de cultura é ter muita clareza dos grandes objetivos e cuidar. Cultura nesse lugar de cuidado. Vamos cuidar todo dia, vamos cultivar todo dia para que esse grande objetivo seja alcançado". Os entrevistados falam em "um compromisso a longo prazo" (P13, 2022), que envolve "insistir numa constância, escolher prioridades e focar naquilo por um tempo" (P18, 2022). Para os professores, o entendimento é o de que, se aquela proposta é algo importante para a escola, deve-se persistir nesse enfoque.

A sustentação dessa coerência envolve, porém, conduzir as propostas na direção acordada, mantendo-se flexível para "recalcular a rota" do planejamento conforme emergirem demandas não previstas no caminho da intencionalidade da escola.

Na hora que você descobre o que você vai priorizar, é fazer um esforço mesmo de "nós vamos nos manter aqui, e outras coisas podem ir acontecendo, mas a gente vai atacando aos pouquinhos e vai continuar o caminho". Claro, se fizer uma rota errada – "não era por aí, os professores estão bem nisso" –, tudo bem, fecha e vai para algo que está mais urgente. Acho que nada é estanque, [...] que essas rotas sejam recalculadas, mas que elas tenham linhas, porque senão os professores se perdem, o coordenador se perde, a gestão se perde. (C20, 2022)

A manutenção dessa cultura, mesmo em vista das adversidades, depende da colaboração entre os membros da comunidade escolar e da tomada de decisões coletiva. Para Anísio Teixeira (1977), a participação dos docentes em processos de tomada de decisão dentro da escola é o caminho natural e desejável para isso. Ao mesmo tempo em que há a corresponsabilização dos professores na condução das iniciativas da escola, elas se tornam mais significativas para eles, ao se aproximarem dos seus interesses e necessidades.

O processo educativo não tem fins elaborados fora dele próprio. Os seus objetivos se contêm dentro do processo e são eles que o fazem educativo. Não podem, portanto, ser elaborados senão pelas próprias pessoas que participam do processo. O educador, o mestre, é uma delas. A sua participação na elaboração desses objetivos não é um privilégio, mas a consequência de ser, naquele processo educativo, o participante mais experimentado e, esperemos, o mais sábio. (Teixeira, 1977, p. 59)

Sustentar esse projeto envolve que ele continue fazendo sentido para os seus participantes ao longo do tempo. Trata-se de um processo no qual o sentido é percebido a partir da repetição de experiências nas quais ele se evidencia.

Na medida em que essas coisas vão aparecendo no cotidiano e os professores vão encontrando o valor disso na sua prática, aí há chance disso vingar e de o professor fazer. Não fazer porque na formação pediram, mas porque fez sentido, porque melhorou o trabalho dele, porque deu mais visibilidade da aprendizagem dos estudantes, porque os estudantes conseguiram, enfim, superar desafios que tinham. (P17, 2022)

Imbernón (2000) reforça essa compreensão ao dizer que "os professores só mudam suas crenças e atitudes de maneira significativa quando percebem que o novo programa ou prática que lhes são oferecidos repercutirão na aprendizagem dos seus alunos" (p. 81).

Concluindo

Neste capítulo, depois de identificarmos o paradoxo de requisitar professores e coordenadores pedagógicos reflexivos e não oferecer circunstâncias favoráveis para que eles o sejam, expusemos quais seriam as condições que fomentam essa prática dentro das escolas. Considerando as dinâmicas colocadas pelas culturas do aplicacionismo e da performatividade, os entrevistados indicam que caberá às escolas combinar intencionalidade, planejamento e gestão para se aproximarem desse objetivo.

O processo de construção de uma nova cultura é lento. As mudanças muitas vezes demoram a se tornar visíveis, o que exige dos atores da comunidade escolar uma grande confiança nas decisões tomadas com base na intencionalidade compartilhada. Como diz a professora P06 (2022), "a gente tem que ter tolerância, paciência e generosidade com a gente mesmo para conseguir essa coerência". É uma outra lógica de tempo demandada nesse processo, que não diz respeito ao tempo de cada pessoa, mas ao tempo daquela mudança, para a qual cada um colaborará à sua maneira.

Como disse Dewey (1979b, p. 150), dá-se "um passo de cada vez", e o primeiro é optar por qual mundo se quer ajudar a construir. A partir disso, há que confiar na escolha feita, ter claros os seus princípios, planejar-se, munindo-se de recursos para o que se vislumbra como necessário, e gerir a escola contando com práticas consistentes de participação democrática e colaboração, de forma a manter a proposta viva e coerente por meio da sua própria transformação.

Referências

ALARCÃO, Isabel. *Professores reflexivos em uma escola reflexiva*. São Paulo: Cortez, 2011.

BALL, Stephen J. Profissionalismo, Gerencialismo e Performatividade. *Cadernos de Pesquisa*, 35 (126), 2005, p. 539-564. Disponível em: http://educa.fcc.org.br/pdf/cp/v35n126/v35n126a02.pdf. Acesso em: 13 jun. 2023.

BRONFENBRENNER, Urie. *The Ecology of Human Development: Experiments by Nature and Design*. Cambridge, Massachusetts: Harvard University Press, 1979.

CANÁRIO, Rui. Gestão da escola: Como elaborar o plano de formação? Lisboa: Instituto de Inovação Educacional (*Cadernos de Organização e Gestão Curricular*), 1994. Disponível em: http://www.crmariocovas.sp.gov.br/pdf/pol/gestao_escola_elaborar.pdf. Acesso em: 09 jul. 2024.

DEWEY, John. *Como Pensamos*. São Paulo: Companhia Editora Nacional, [4]1979a.

_____. *Democracia e educação: introdução à filosofia da educação*. São Paulo: Editora Nacional, [4]1979b.

ESTEVE, José Manuel. *O mal-estar docente. A sala de aula e a saúde dos professores*. Bauru: EDUSC, 1999.

FERRY, Gilles. *Pedagogía de la formación*. Buenos Aires: FFL-UBA. Novedades Educativas, 1997.

FORMOSINHO, J.; MACHADO, J. Professores na escola de massas. Novos papeis, nova profissionalidade. In: FORMOSINHO, J. (Coord.) (Ed.). *Formação de professores: Aprendizagem profissional e acção docente*. Porto: Porto Editora, 2009, p. 143-164.

FREIRE, Paulo. *Pedagogia do oprimido*. Rio de Janeiro: Paz e Terra, [5]1978.

HARGREAVES, Andy; FULLAN, Michael. Introduction. In: HARGREAVES, A. e FULLAN, M. (Eds.) *Understanding teacher development*. New York: Teachers College Press, 1992, p. 1-19.

IMBERNÓN, Francisco. *Formação docente e profissional: formar-se para a mudança e a incerteza*. São Paulo: Cortez, 2000.

KNOSTER, T. *Factors in managing complex change*. In: Presentation at the TASH Conference, 1991, Washington, DC. The Association for Persons with Severe Disabilities.

NEWMAN, Janet; CLARKE, John. Gerencialismo. *Educação & Realidade*, 37 (2), 2012, p. 353-381. Disponível em: https://www.redalyc.org/pdf/3172/317227324003.pdf. Acesso em: 12 jun. 2024.

NÓVOA, António. *Professores: libertar o futuro*. São Paulo: Diálogos Embalados, 2023.

PERRYMAN, Jane; CALVERT, Graham. What motivates people to teach, and why do they leave? Accountability, performativity and teacher retention. *British Journal of Educational Studies*, 2019. Disponível em: https://doi.org/10.1080/00071005.2019.1589417. Acesso em: 26 nov. 2019.

SCHÖN, D. A. E. *The reflective practitioner*. Nova York: Basic Books, 1983.

SODRÉ, Leticia. *Intencionalidade, planejamento e gestão da formação continuada de professores em serviço: caminhos e obstáculos para uma experiência significativa.* Orientador: KISHIMOTO, Tizuko Morchida. 2024. 284 f. (Doutorado) – Faculdade de Educação, Universidade de São Paulo, São Paulo. Disponível em: https://www.teses.usp.br/teses/disponiveis/48/48138/tde-08052024-143126/en.php. Acesso em: 10 jul. 2024.

TEIXEIRA, Anísio Spínola. *Educação e o mundo moderno.* São Paulo: Companhia Editora Nacional, ²1977.

_____. A Pedagogia de Dewey. In: DEWEY, John (Ed.). *Vida e educação.* São Paulo: Melhoramentos, ¹⁰1978, p. 13-41.

TORRES, Leonor L. Organização escolar e democracia: A temporalidade nos processos de consolidação democrática. In: (CNE), Conselho Nacional de Educação (Ed.). *Estado da Educação 2021.* Lisboa, 2022.

A Escola Reflexiva e a Formação Docente para a atuação com Estudantes com Deficiência: saberes não sabidos ou saberes não reconhecidos?

Iara Gonçalves de Aguiar Sant'Anna[1]
(cpiaraaguiar@gmail.com)

Laurinda Ramalho de Almeida[2]
(laurinda@pucsp.br)

Introdução

> Não fomos educados para olhar pensando o mundo, a realidade, nós mesmos. Nosso olhar cristalizado nos estereótipos produziu, em nós, paralisia, fatalismo, cegueira. Para romper com esse modelo autoritário, a observação é a ferramenta básica neste aprendizado da construção do olhar sensível e pensante.
> (Madalena Freire, 2023, p. 45)

---

1. Doutoranda em Educação: Psicologia da Educação, na Pontifícia Universidade Católica de São Paulo. Coordenadora pedagógica da rede municipal de ensino da cidade de São Paulo.

2. Doutora em Educação: Psicologia da Educação. Docente na Pontifícia Universidade Católica de São Paulo nos Programas de Pós-Graduação em Educação: Psicologia da Educação e Educação: Formação de Formadores. Orientadora da dissertação que deu origem a este capítulo.

Em seu livro *Educador, educa a dor*, Madalena Freire (2023) ressalta a importância de pensarmos a formação docente a partir do (re)conhecimento de si e do outro, analisando nossas próprias histórias e as histórias alheias. Segundo ela, agimos como aprendizes toda vez que questionamos o que vemos, rompemos com as "insuficiências desse saber e, assim, podemos voltar à teoria para ampliar nosso pensamento e nosso olhar" (Freire, M., 2023, p. 46). Foi exatamente esse movimento que propôs a pesquisa realizada em nível de Mestrado da qual decorre este capítulo. Com o objetivo geral de "identificar experiências vividas por professores especialistas que contribuíram na construção de conhecimentos pedagógicos para atuação junto a estudantes com deficiência" (Sant'Anna, 2023, p. 24), convidamos um professor especialista de cada disciplina dos anos finais do ensino fundamental de uma escola municipal da cidade de São Paulo a invocarem memórias, escreverem e refletirem sobre algumas situações vividas em sala de aula, observando atentamente as estratégias utilizadas nos momentos em que atuavam com Pessoas com Deficiência (PcD).

Contrariando o senso comum, presente inicialmente nas falas desses profissionais, que diz: "a gente não sabe o que fazer com estudantes com deficiência", suas produções revelaram que há saberes que não são vistos como sabidos por eles e que precisam ser ditos para se tornarem reconhecidos como conhecimentos pedagógicos.

> Compreender sua "história" é fazer o trabalho de compreensão que o texto exige, como ordena e sintetiza, segundo as razões de uma lógica discursiva, um espaço individual de experiência histórica e social. Essa compreensão hermenêutica não é dada: ela demanda uma distância crítica e uma capacidade de "leitura" de que o narrador, preso em sua narrativa, não dispõe espontaneamente. É a esse espaço de objetivação crítica e de compreensão que o procedimento de formação dá acesso e que o grupo de formação realiza coletivamente (Delory-Momberger, 2014, p. 94-95) (grifos da autora).

A formação docente em foco

Não é segredo que estudantes com deficiência – que a partir de agora chamaremos de estudantes com *diversidade biológica*[3] – foram alijados de seus direitos durante muito tempo e que as escolas enfrentam dificuldades para constituírem-se como espaços inclusivos. Um conjunto de fatores colabora para esse cenário, passando pelas questões estruturais e chegando às concepções que permeiam as práticas pedagógicas, estreitamente relacionadas com a formação docente.

Durante a fundamentação teórica da pesquisa, estudos de trabalhos realizados anteriormente apontaram lacunas nos currículos das licenciaturas, no que diz respeito à Educação Especial, tornando a formação acadêmica inicial insuficiente para atuar nessa frente, especialmente quando se trata de professores especialistas. Entretanto, vale ressaltar que,

> quando pontuados historicamente, os relatos angustiados acerca do trabalho com PcD não estão apenas na linha do tempo de professores iniciantes, mas também na de profissionais com diferentes períodos de atuação, que vivenciam diversas experiências formativas e que carregam consigo as teorias de tudo o que estudaram e também suas subjetividades. São, pois, sujeitos constituídos pelas diversas relações que estabelecem ao longo da vida (Sant'Anna, 2023, p. 28).

Apenas com a análise dos currículos, percebemos que essa tarefa não daria conta de explicar as necessidades formativas de professores especialistas; era imprescindível considerar como ocorrem as aprendizagens durante o exercício da profissão. Nesse sentido, a memória se apresenta como elemento fundamental para

---

3. Termo sugerido pela pesquisadora Profa. Dra. Elvira Souza Lima, durante o processo de construção da pesquisa em questão, mais especificamente na banca de qualificação; pretende superar o estigma de deficiência como "algo que falta", já que recentemente a ciência tem comprovado que pessoas com diversidade biológica podem apresentar condições diversas de aprendizagem.

trazer à tona as situações mais relevantes na constituição da profissionalidade docente. Convém ressaltar que nossas memórias não são apenas relíquias abandonadas em algum lugar dentro de nós. Elas se manifestam cotidianamente por meio de nossos pensamentos, sentimentos e desejos, atuando nas representações que fazemos no presente e sendo responsáveis por muitas de nossas escolhas. Embora sejam individuais, formam-se em subordinação à memória coletiva, à condição social em que nascemos inseridos, à cultura dos meios nos quais convivemos, sendo representantes de uma época e de um local.

Na escola, a memória coletiva tem sido responsável pela reprodução de modelos hegemônicos de educação, via de regra excludentes. Contudo, entendemos que é no cotidiano, nas brechas que se abrem em meio ao formato pré-definido de escolarização, com as singularidades e heterogeneidades próprias do ser humano, que se apresenta um caminho possível para a superação das desigualdades.

> É verdade que uma leitura "reproducionista" da vida escolar, por nós constatada, é possível e até convincente, dada a predominância de ideologias e práticas alienantes, identificáveis com os interesses de um Estado capitalista. Contudo, se não se procede seletivamente na análise, ao menos neste nível de cotidiano, o conceito de reprodução é insuficiente para dar conta de "tudo" que aí acontece. A heterogeneidade e a individualidade do cotidiano exigem outras dimensões ordenadoras. Impõem forçosamente o reconhecimento de sujeitos que incorporam e objetivam, a seu modo, práticas e saberes dos quais se apropriaram em diferentes momentos e contextos de vida, depositários que são de uma herança acumulada durante séculos. De novo aparece o cruzamento do cotidiano com a história (Ezpeleta; Rockwell, 1989, p. 28).

Esse complexo sistema que interliga genética e experiências passou a ser desvendado a partir da década de 1990, com a descoberta dos neurônios espelho e a definição da teoria do cérebro social, que diz que somos capazes de perceber sentimentos, emoções e intenções de outras pessoas, mobilizando uma cadeia de processos biológicos, psicológicos e sociais que nos permitem adaptação às novas situações. Os sinais corporais que indicam como o outro se sente (expressões faciais, por exemplo) são o início do processo de empatia, uma capacidade humana que sustenta comportamentos colaborativos e garante a evolução da espécie.

É interessante observar que, muito antes das confirmações feitas pelas neurociências, a partir do uso de imagens do cérebro em funcionamento, Wallon (2007 [1941]) já havia tratado dessa questão quando propôs que a pessoa completa, que integra o orgânico ao social, é o produto da integração dos conjuntos funcionais. Segundo sua teoria, movimento, cognição e afetividade são os três conjuntos que atuam concomitantemente no desenvolvimento humano.

O conjunto cognitivo permite aprender ou transformar o aprendido; o motor é responsável pela movimentação das várias partes do corpo e por expressar emoções e sentimentos, que compõem o conjunto afetivo. Os sentimentos são duradouros, pouco visíveis e se tornam conhecidos a partir das representações que a pessoa elabora. Geralmente, as emoções têm curta duração e são a exteriorização da afetividade.

> As emoções consistem essencialmente em sistemas de atitudes [...][...] os efeitos sonoros e visuais que delas resultam são para o outro estimulações de extremo interesse, que tem o poder de mobilizar reações semelhantes, complementares ou recíprocas (Wallon, 2007 [1941], p. 121-122.)

O conjunto afetivo, portanto, "refere-se à capacidade, à disposição do ser humano de ser afetado pelo mundo externo e interno por meio de sensações ligadas a tonalidades agradáveis ou desagradáveis" (Mahoney; Almeida, 2005, p. 17).

Afetar e ser afetado faz parte da dinâmica das relações sociais, cujas expressões são contornadas por significados culturais, que estão presentes na definição dos valores que justificam escolhas e atitudes. Com o professor não é diferente: quando chega numa sala de aula, não leva consigo apenas os conhecimentos acadêmicos tal qual foram ensinados na graduação, pois já elaborou um recorte daquilo que selecionou como importante para sua atuação, a partir de sua leitura de mundo mediada pelos afetos.

Se ainda nos deparamos com a existência de uma escola excludente, significa que ela se mantém firme na representação coletiva, fortemente marcada pelo viés capacitista, e assim continuará enquanto não assumirmos o trabalho de exercício de consciência para romper com o ciclo da exclusão. Quando se realiza o exercício de consciência, surgem novos aprendizados:

> Conscientizar é realizar experiências mentais a partir de conteúdos que são sentidos e que são processados por uma perspectiva, ou seja, de um ponto de vista muito particular, singular. A percepção do real e a evocação de memórias são substratos da atividade mental e dependem da afetividade. Os nossos sentimentos "dão a liga" entre corpo e mente; sem eles, seríamos um corpo físico cheio de marcas sem significações. Logo, sentir é fundamental para saber (Sant'Anna, 2023, p. 50).

São muitas as nuances que marcam a formação do professor, e diversos aspectos se entrelaçam na constituição da identidade desse profissional. Toda essa complexidade não cabe apenas na graduação. Ela nos encaminha ao entendimento de que a escola deve ser, por princípio, um espaço propiciador de trocas de experiências, de reflexão sobre elas e de reinvenção da aula como momento significativo. É um ato político, pedagógico e sobretudo humano, com vistas não só aos processos de aprendizagem, mas à construção de um modelo de sociedade mais equânime.

Abrindo baús, encontrando tesouros

A pesquisa da qual foi extraído o discutido neste capítulo é do tipo engajada, que, de acordo com Gatti (2014), "faz o pesquisador se debruçar sobre os problemas empíricos de sua realidade, evidenciando fatos que retratam situações surgidas na sua vivência local, em busca de seus diagnósticos e possíveis alternativas de solução." (Sant'Anna, 2023, p. 58). E, ainda, sendo engajada, coloca seus participantes como críticos de sua própria ação, o que evidencia conhecimentos elaborados no exercício da profissão.

Um dos instrumentos utilizados foi a escrita de micronarrativas de incidentes críticos, estratégia que tem sido utilizada por Almeida (2009, 2020) tanto para formação como para pesquisa, a partir da conceituação de Woods (1993 apud Almeida, 2009, p. 187; 2020, p. 18):

> [...] momentos e episódios altamente significativos que têm enormes consequências para o desenvolvimento e mudanças pessoais. Não são planejados, antecipados ou controlados. São *flashes* que iluminam fortemente alguns pontos problemáticos. São essenciais na socialização de professores em seu processo de desenvolvimento, dando-lhes maior segurança em sala de aula.

Também foi usada a entrevista semiestruturada, que conta com um roteiro inicial, mas flexível, permitindo "correções, esclarecimentos e adaptações" (Lüdke; André, 1986, p. 34). Ela colaborou na compreensão das narrativas e permitiu sistematizar os saberes pedagógicos nascidos na prática, conforme veremos adiante.

Por meio dessa metodologia, foi possível vislumbrar toda a potência do cotidiano escolar enquanto espaço em que o professor pode assumir o papel de intelectual, transformador e produtor de cultura.

Não descartamos, em nenhum momento, a importância do arcabouço teórico; no entanto, reafirmamos a necessidade de promover análise circunstanciada dos fatos e referenciada em teorias, o que Paulo Freire (1987, p. 70) chamou de práxis. "[...] É transformação do mundo. E, na razão mesma em que o que fazer é práxis, todo fazer do que fazer tem de ter uma teoria que necessariamente o ilumine. O que fazer é teoria e prática. É reflexão e ação. [...]".

Dessa forma, quando abrimos o baú das produções feitas por professores, encontramos tesouros valiosos que muito nos interessam quando o assunto é a formação docente para uma escola reflexiva.

Uma rede de saberes tecida com os fios da memória

As micronarrativas de incidentes críticos nos permitem identificar uma rede de saberes tecida com os fios da memória. Usamos essa metáfora para tentar explicar que, ainda que cada fio represente uma produção surgida de memórias individuais, em diversos momentos, ele se amarra a outros fios. Toda vez que isso acontece, o alinhamento de todos se modifica, ora puxando mais para um lado, ora para outro. Mas, estando amarrados, ainda que estejam suportando algum peso, permanecem firmes por mais tempo.

Assim acontece quando professores falam sobre seus percursos e localizam neles seus pontos de apoio, pessoas que os auxiliaram em situações desafiadoras, em quem se "amarraram" para que fosse possível "recalcular a rota" de sua prática pedagógica.

Ao analisar os depoimentos – as falas dos professores – usando a Análise de Prosa (André, 1983, p. 67), fizemos as questões por ela propostas, como "o que é que este diz? O que significa? Quais suas mensagens? E isso incluiria naturalmente, mensagens intencionais e não intencionais, explícitas ou implícitas, verbais ou não verbais, alternativas ou contraditórias".

A partir dessa análise, identificamos duas grandes categorias de saberes docentes: a primeira, sobre a constituição do profissional professor e suas necessidades; a segunda, mais específica, está voltada para conhecimentos aprendidos durante o exercício da profissão, que são diretamente aplicáveis na prática com estudantes com diversidade biológica.

O Quadro 1, a seguir, apresenta os tópicos e temas estabelecidos na primeira categoria:

QUADRO 1. Tópicos e temas estabelecidos na primeira categoria

1º Tópico: Afetividade de professores				
Tema 1	Tema 2			
Emoções e sentimentos de professores em situação de crise	Emoções e sentimentos de professores em situação de sucesso			
2º Tópico: Aprendizagens docentes				
Tema 1	Tema 2	Tema 3		
Aprendizagem a partir de situações desafiadoras	Aprendizagem mediada pelo afeto	Aprendizagem pela observação/ experimentação		
3º Tópico: Estratégias pedagógicas				
Tema 1	Tema 2	Tema 3	Tema 4	
Estratégias elaboradas entre pares	Estratégias pautadas em memórias pessoais da vida particular	Estratégias pautadas em suas próprias experiências docentes	Estratégias pautadas em memórias do tempo de estudante	
4º Tópico: Necessidades docentes				
Tema 1	Tema 2	Tema 3	Tema 4	Tema 5
Parceria da equipe gestora	Formação presencial	Estrutura para a formação em trabalho	Aspectos fundamentais para momentos formativos	Tempo para conhecer as necessidades de estudantes com deficiência

Fonte: elaborado pelas autoras (2024).

No 1º tópico, os professores relatam como se sentiram mediante situações de crise e de sucesso. Nas crises, momentos em que não souberam como atuar para atender estudantes com diversidade biológica, sentimentos e emoções de tonalidades desagradáveis se fizeram presentes, tais como: frustração, susto, desespero, despreparo, trauma, limitação, culpa, incômodo, dificuldade, preocupação, derrota, incapacidade e impotência.

Ao contrário, em situações nas quais encontraram saídas aos desafios, os sentimentos e emoções foram de tonalidades agradáveis, como: felicidade, surpresa, alívio, curiosidade, orgulho. Por essa razão, as estratégias com bons resultados tendem a ser incorporadas ao repertório desse profissional.

No 2º tópico, é interessante observar que professores pontuam as situações desafiadoras como importantes para sua aprendizagem. Geralmente movidos por sentimentos e emoções de tonalidades desagradáveis – e não havendo outra alternativa a não ser pensar em uma proposta adequada –, esses momentos se tornaram formativos. Outro fator relevante é que, durante a ação de tentar encontrar respostas para a crise, pela força da observação dos estudantes com diversidade biológica, os professores emularam seus comportamentos, tentando compreender como poderiam ser positivamente afetados. Essas práticas, quando analisadas, expandem a gama de conhecimentos pedagógicos dos professores.

No 3º tópico, conseguimos compreender onde os professores buscam ideias, inspiração ou mesmo de onde copiam as estratégias utilizadas nos momentos de crise que foram solucionados com sucesso. Primeiramente, apareceu a importância do grupo na elaboração de sugestões, uma responsabilidade compartilhada que afeta diretamente cada profissional envolvido, promovendo novos conhecimentos. Além disso, vivências significativas ocorridas ao longo da vida são facilmente espelhadas nas práticas pedagógicas – entre elas, as memórias do tempo de estudante e as memórias de sua própria prática docente.

No 4º tópico, os professores falam sobre suas necessidades para o trabalho com estudantes com diversidade biológica. Conforme dito no 3º tópico, as responsabilidades compartilhadas afetam a todos os envolvidos, mas existe, aqui, um destaque para o papel da equipe gestora atuante, que caminha junto com o grupo e coloca-se em lugar de igualdade com ele, sendo corresponsável pelo processo, gerando unicidade, confiança e segurança.

Caminhar junto também pressupõe a presencialidade nos encontros, a formação em espaços de trocas de impressões e experiências, momentos em que as pessoas entrem em contato mais profundamente com os sentimentos e emoções dos colegas e suas expressões, estabelecendo relações que contribuem para o progresso do fazer pedagógico.

Esses espaços e tempos de formação precisam ser, segundo os participantes da pesquisa, parte da jornada de trabalho do professor. Isso porque, além de muitos trabalharem em mais de uma escola ou desempenharem outras atividades, não basta apenas saber dos conteúdos das disciplinas. Para formar-se continuamente, o professor entende o processo relatado anteriormente como primordial. Quando o tempo destinado à formação faz parte da jornada de cada profissional, é possível discutir casos reais, entendê-los mais profundamente e assim pensar em proposições capazes de modificar a cultura escolar quando necessário.

O tempo de troca de experiências, de olhar para o outro e sua afetividade, de reflexão crítica à luz das teorias, em complemento aos estudos acerca de conteúdos e metodologias, são aspectos fundamentais dos momentos formativos.

Por fim, o último tema do 4º tópico refere-se a uma questão estrutural, sobre como se organiza o tempo da aula, na maioria das escolas brasileiras. Professores especialistas relatam que a divisão em períodos que têm, no máximo, 50 minutos, inviabiliza conhecer os estudantes com diversidade biológica. A rotina vertiginosa, o entra e sai das diversas salas, questões disciplinares, as cobranças institucionais no que concerne ao cumprimento do currículo, índices de avaliações externas etc., simplesmente tornam invisível a pessoa que precisa de um olhar mais atento no espaço escolar, especialmente quando seu comportamento não chama atenção.

Nos quatro tópicos, os professores explicitam elementos fundantes para o bom exercício da docência, que exige mais do que o saber que se aplica aos alunos: exige, antes, que saiba sobre si mesmo, sobre o que significa ser professor e sobre quais bases se assenta sua profissionalidade.

Passamos agora à segunda grande categoria nascida da análise das micronarrativas de incidentes críticos. A partir dela, falaremos sobre o que os professores precisam saber para sua atuação com estudantes com diversidade biológica. Não temos a pretensão de tornar o que será mostrado a seguir numa "receita pedagógica", visto que isso jamais será possível devido à individualidade e complexidade de cada pessoa, mas certamente ajudará a pensar em alternativas que tornem as aulas mais equânimes e, portanto, mais inclusivas.

Para contextualizar de modo breve: após escreverem as micronarrativas de incidentes críticos, já na fase da entrevista semiestruturada, os professores retornaram aos episódios narrados e, tomando certa distância dos fatos e olhando para eles com o cuidado de quem investiga algo, conseguiram destacar estratégias que fizeram a diferença na condução da situação – o que classificamos como saberes da prática.

Para colaborar no entendimento, reproduzimos o quadro elaborado na pesquisa.

QUADRO 2. Incidentes críticos e conhecimentos pedagógicos

Profissional	Incidente Crítico	Conhecimentos pedagógicos decorrentes
Professor Adalberto Artes	Estudante autista que reagiu de forma violenta mediante uma proposta para aula de Artes e que modificou seu comportamento quando o professor alterou a estratégia com ajuda de pares mais experientes.	- Importância de conhecimentos específicos sobre a deficiência em pauta para adequar propostas. - Construção de estratégias com apoio de pares avançados.
Professora Bianca Inglês	Estudante com Síndrome de Down que apresentava momentos de agressividade durante as aulas e que mudou seu comportamento quando passou a trabalhar com o colega preferido.	- Reconhecimento do trabalho em equipe e não ter receio de procurar ajuda. - A importância de observar o aluno para compreender o que lhe causava bem-estar.

Professora Elisa Língua Portuguesa	Estudante autista que não conseguia realizar registros convencionalmente e nem se organizar com o material, apesar de apresentar bom desempenho oral, e que encontrou, no uso de imagens, uma forma de se organizar e referir-se aos conteúdos discutidos.	- A importância de estabelecer vínculos com estudantes por meio de estratégias que valorizem aquilo que o estudante gosta e tem como referência (no caso deste estudante, a imagem do time de futebol).
Professor Kaique Ciências	Estudante com baixa visão que não conseguiu realizar a atividade sozinho por não haver material adaptado para suas necessidades e foi ajudado por colegas.	- Necessidade de levar em conta as características dos alunos da turma para propor atividades. - Os colegas gostam de prestar ajuda.
Professora Lívia História	Estudante com dislexia e discalculia que apresentava dificuldades para acompanhar as metodologias utilizadas nas aulas e que apresentou bom desempenho quando a professora modificou, com sugestões dos pares, as circunstâncias para realização da tarefa.	- Necessidade de reorganizar tempos, espaços e estratégias, de modo a atender necessidades de estudantes em suas dificuldades. - Os pares têm muito a contribuir.
Professora Luciana Matemática	Estudante autista que não compreendia o sistema de numeração decimal com atividades convencionais para a idade e que rapidamente aprendeu com o uso de material concreto ofertado pela professora.	- Diferentes formas de aprender e de ensinar. - Importância de utilizar recursos variados para favorecer a aprendizagem conforme as necessidades de cada estudante.
Professora Nara Ed. Física	Estudante com Síndrome de Down que se recusava a participar das aulas e mantinha-se isolada dos colegas, até que mudou de atitude quando a professora conquistou sua confiança após várias tentativas, levando-a pela mão para participar das atividades.	- Importância da criação de laços de confiança para possibilitar a aproximação e o desenvolvimento das atividades. - Reconhecimento de que os laços de confiança se constroem gradualmente.

Fonte: Sant'Anna (2023, p. 102).

O quadro apresenta, na primeira coluna, os nomes fictícios dos professores, acrescidos das disciplinas que lecionam. Na segunda, encontramos os incidentes críticos relatados pelos profissionais, "memórias de episódios altamente significativos para eles, acontecimentos que os afetaram a ponto de produzir mudanças de seu pensamento ou de sua prática" (Almeida; Silva, 2020, p. 25). Por fim, na terceira coluna, os conhecimentos pedagógicos sistematizados a partir do exame minucioso dos momentos de crise, situações dramáticas que foram superadas não apenas por um "golpe de sorte", mas com a ajuda de subsídios existentes na memória de cada um dos professores, já que "experiências anteriores entregam ao momento presente fragmentos de sua existência capazes de alterar nossa percepção e redirecionar ações. As memórias interferem decisivamente no processo de representações do presente" (Sant'Anna, 2023, p. 34).

De todos os conhecimentos pedagógicos decorrentes dos incidentes críticos, apenas um poderia ser sabido pelo caminho do estudo teórico: "importância de conhecimentos específicos sobre a deficiência em pauta para adequar propostas". Todos os outros relacionam-se com a afetividade positiva, na forma da solidariedade, com o envolvimento da coletividade e a troca de experiências para a aprendizagem.

A sistematização desses conhecimentos nos permite arriscar uma síntese dos elementos básicos presentes em sua constituição: conhecimentos teóricos, trabalho coletivo, colaboração, observação, compreensão das manifestações do ser humano, estabelecimento de vínculos/laços e adequação de propostas.

Esses elementos, que são aparentemente simples, tiveram caráter decisivo para o sucesso da prática pedagógica nas situações narradas. Sob a ótica da formação docente, são importantes indícios para a construção de novas possibilidades profissionais e reafirmam a necessidade de um modelo formativo que considere o ser humano como a pessoa completa descrita por Wallon (2007 [1941]), tanto no que diz respeito ao professor quanto no que tange aos estudantes.

Considerações finais

Em vias de encerrar este capítulo, mas ainda longe de encerrar a discussão sobre a formação de professores para sua atuação junto a estudantes com diversidade biológica, não poderíamos fazê-lo sem antes pontuar o papel do coordenador pedagógico nesse processo.

Entendemos que a formação docente é uma tarefa que está sob sua responsabilidade, e que, nesse processo, deva ser garantida a organização de atividades para que a escola possa se tornar reflexiva, colocando em pauta todas as questões do cotidiano, as dores que afligem seus professores, e buscando alternativas aos fatores que dificultam a aprendizagem de todos os estudantes.

Em termos práticos, falamos de espaços dinâmicos de formação, planejados para a garantia da participação ativa dos sujeitos, com momentos de escuta do outro, de reflexão sobre situações reais e proposições. Da mesma forma que há a "necessidade de reorganizar tempos, espaços e estratégias de modo a atender necessidades de estudantes em suas dificuldades", assim pode ser feito com a equipe docente, dando lugar à "construção de estratégias com apoio de pares avançados" (Sant'Anna, 2023, p. 102).

Sem ignorar, entretanto, a relevância dos estudos teóricos, pois são eles que afastam os conhecimentos elaborados coletivamente do senso comum e reafirmam a importância da práxis freireana no processo educativo. A organização dos momentos de formação concebidos com base em diversas vozes torna-se particularmente potente quando coloca em destaque as habilidades de cada participante e permite enxergar nos colegas as referências para solucionar alguma situação desafiadora. Qualquer pessoa pode ser um par avançado em algum momento, já que as memórias das experiências diversas podem fazer surgir conhecimentos variados. Esse trabalho intencional de reflexão sobre as memórias apresentadas por professores é fundamental, pois

> Esses saberes "não sabidos" desempenham um papel primordial na maneira como os sujeitos investem nos espaços de aprendizagem, e a sua conscientização permite definir novas relações

com o saber e a formação. Essa valorização da experiência individual inscreve-se num procedimento global que associa, intimamente, os formados ao processo formativo e os considera como atores de sua própria formação (Delory-Momberger, 2014, p. 91) (grifo da autora).

Os saberes não sabidos tornam-se sabidos a partir das memórias de episódios ou fatos marcantes da vida dos profissionais, seguidos de atividade de entendimento de seus significados. Essa proposta precisa ser assumida como parte do itinerário formativo docente. Para isso, o coordenador pedagógico pode organizar sessões com relatos de práticas, rodas de conversa, estudos de caso, compartilhamento e problematização de estratégias e até mesmo utilizar os incidentes críticos, como foi feito na pesquisa.

A invocação de memórias é uma estratégia à qual se recorre com certa frequência e intencionalidade. O planejamento e o encaminhamento da equipe para a reflexão e sistematização do que pode ser encontrado é condição necessária para que isso aconteça.

Referências

ALMEIDA, L. R. de. O incidente crítico na formação e pesquisa em educação. *Educação & Linguagem*. v. 12, n. 19 (2009) p. 181-200. Disponível em: https://www.metodista.br/revistas/revistas-ims/index.php/EL/article/view/820. Acesso em: 15 ago. 2022.

_____. O incidente crítico na trajetória de uma formadora e pesquisadora. In: ALMEIDA, L. R. de; SILVA, J. M. S. (orgs.) *Incidentes críticos e profissionais da educação: uma estratégia para formadores*. Campinas: Pontes, 2020, p. 15-22.

ALMEIDA, L. R. de; SILVA, J. M. S. Desencadeadores reflexivos: elaboração dos incidentes críticos como processo formativo. In: ALMEIDA, L. R. de; SILVA, J. M. S. (orgs.) *Incidentes críticos e profissionais da educação: uma estratégia para formadores*. Campinas: Pontes, 2020, p. 23-33.

_____. (orgs.) *Incidentes críticos e profissionais da educação: uma estratégia para formadores*. Campinas: Pontes, 2020.

ANDRÉ, M. E. D. A. de. Texto, contexto e significados: algumas questões na análise dos dados qualitativos. *Cadernos de Pesquisa*. São Paulo, v. 45 (maio 1983) p. 66-71. Disponível em: https://publicacoes.fcc.org.br/cp/article/view/1491. Acesso em: 12 set. 2022.

DELORY-MOMBERGER, C. *Biografia e educação: figuras do indivíduo-projeto*. Tradução e revisão científica de Maria da Conceição Passeggi, João Gomes da Silva Neto, Luis Passeggi. Natal: EDUFRN, 2014.

EZPELETA, J.; ROCKWELL, E. *Pesquisa participante*. São Paulo: Cortez-Autores associados, 1989.

FREIRE, M. *Educador, educa a dor*. Rio de Janeiro: Paz e Terra, ¹³2023.

FREIRE, P. *Pedagogia do oprimido*. Rio de Janeiro: Paz e Terra, 1987.

GATTI, B. A. A pesquisa em mestrados profissionais. *Apresentação no I FOMPE – I Fórum de Mestrados Profissionais em Educação*. Salvador: UNEB, 2014.

LÜDKE, M.; ANDRÉ, M. E. D. A. de. *Pesquisa em educação: abordagens qualitativas*. São Paulo: EPU, 1986.

MAHONEY, A. A.; ALMEIDA, L. R. de. Afetividade e processo de ensino-aprendizagem: contribuições de Henri Wallon. In: *Psicologia da Educação*. São Paulo, 20, 1 sem. 2005, p. 11-30.

SANT'ANNA, I. G. de A. *Saberes não sabidos ou saberes não reconhecidos? Professores especialistas e suas memórias no trabalho com estudantes com deficiência*. 2023. 172f. Dissertação (Mestrado Profissional em Educação: Formação de Formadores) – Pontifícia Universidade Católica de São Paulo, São Paulo, 2023.

WALLON, H. *A evolução psicológica da criança*. Introdução de Émile Jalley. Tradução de Cláudia Berliner. Revisão técnica de Izabel Galvão. São Paulo: Martins Fontes, 2007 [1941].

Autoavaliação como Estratégia para a (Trans)formação do Docente e do Coordenador Pedagógico

Adriana Bulbovas Melo[1]
(adrianabulbovasmelo@gmail.com)

Vera Maria Nigro de Souza Placco[2]
(veraplacco7@gmail.com)

Lembrar não é exatamente reviver, mas refazer as experiências passadas com as imagens e ideias de hoje. Algo mais próximo do trabalho de reconstrução do que da simples evocação.

Assim, a condição de aprendiz envolve subjetividade, memória, metacognição, a história de vida pessoal e profissional, amalgamadas no e pelos saberes e experiências vividas pelos professores em sua formação docente. Trata-se, portanto, de um processo de formação identitária.

(Placco e Souza, 2006, p. 24)

---

1. Mestra em Educação: Formação de Formadores, pela Pontifícia Universidade Católica de São Paulo. É coordenadora pedagógica, psicopedagoga e formadora de professores.
2. Doutora em Educação: Psicologia da Educação da PUC-SP. Pós-doutorado em Psicologia Social, na École des Hautes Études en Sciences Sociales, Paris, França. Professora titular dos Programas de Pós-graduação em Educação: Psicologia da Educação e Educação: Formação de Formadores, na Pontifícia Universidade Católica de São Paulo – PUC-SP.

Introdução

Em nossa trajetória, foram muitas e significativas as experiências na escola, na condição de aluna, professora e coordenadora pedagógica. Uma delas, o exercício da autoavaliação, revelou-se ser uma atividade motivadora e transformadora da ação discente e docente, revelando os muitos aspectos que aprendemos, a fim de melhorar a prática formativa na escola.

Neste texto, compartilhamos uma pesquisa, a partir das experiências formativas desenvolvidas pela coordenadora pedagógica com os professores dos anos iniciais do ensino fundamental de uma escola privada em São Paulo. Escolhemos apresentar, neste texto, um tema que privilegiamos em nossos encontros formativos: autoavaliação como estratégia para a (trans)formação docente e, também, do coordenador pedagógico, que se tornou uma importante investigação sobre o processo de formação. A pesquisa está apoiada, principalmente, nos estudos de Freire, Paulo (1996), Freire, Madalena (2002), Placco e Souza (2006), Almeida (2010), Terzi (2012), entre outros autores formadores, cuja diversidade fundamentou e valorizou a pesquisa no campo da formação, da autoavaliação e da avaliação formativa e colaborativa.

O objetivo geral dessa pesquisa foi investigar se o exercício da autoavaliação formativa favorece a reflexão crítica do professor e a consequente mudança em sua prática. Esperava-se, com essa atividade formativa, convidar os professores a pensarem em suas práticas de ensino, em suas aulas e intervenções, a partir das metas profissionais e planos de formação e aperfeiçoamento, vividos durante o ano letivo.

A parceria investigativa da CP com os professores, por meio do diálogo e reflexão sobre os processos de ensino e aprendizagem, favoreceu a identificação de caminhos para a formação, a possível mudança, a validação de percurso e a legitimação da prática.

Algumas perguntas nortearam a investigação: a autoavaliação é um exercício presente e valorizado na prática docente? Os professores levam a prática da autoavaliação para os seus alunos? Por que a autoavaliação do professor pode favorecer a reflexão e a mudança da prática?

A metodologia de pesquisa qualitativa foi pautada na análise de registros autoavaliativos dos professores e na escuta ativa na Roda de Conversa[3].

Vamos apresentar, neste capítulo, reflexões teóricas e ações práticas resultantes da pesquisa, que mostram que a formação que favorece o desenvolvimento identitário profissional docente contribui para a transformação dos processos de ensino-aprendizagem, pois conhecer e reconhecer-se, na sua ação formadora, traz elementos da história pessoal do professor e do coordenador pedagógico, possibilitando uma relação de reconhecimento entre ambos, levando-se em conta as dinâmicas de seu desenvolvimento pessoal e profissional.

Afinal, a autoavaliação no processo formativo impulsiona ou paralisa o desenvolvimento profissional?

Sendo a autoavaliação um processo com potencial autorregulador, por meio dos registros, oferece significados e sentidos, construídos no percurso de ensinar e aprender. Quando aliada a um plano de ação, a autoavaliação possibilita, ainda, refletir sobre as habilidades e fragilidades da prática profissional de cada sujeito. Pensar no processo da autoavaliação é ter contato com a pesquisa, com a identidade profissional cultural docente e sua legitimidade de atuação. Freire (1996, p. 32) afirma:

> Não há ensino sem pesquisa e pesquisa sem ensino. Esses quefazeres se encontram um no corpo do outro. Enquanto ensino, continuo buscando, reprocurando. Ensino porque busco, porque indaguei, porque indago e me indago. Pesquiso para constatar, constatando, intervenho, intervindo, educo e me educo. Pesquiso para conhecer o que ainda não conheço e comunicar ou anunciar a novidade.

---

3. A Roda de Conversa é um instrumento de análise qualitativa da pesquisa, em que a pesquisadora, por meio da escuta ativa das falas dos participantes da Roda, dialoga coletivamente com eles sobre temas e questões específicas da proposta investigativa.

É importante o professor olhar para si, para o seu momento, ter tempo para identificar seus sentimentos, o que mais o afetou em sua aula, buscando entender o porquê de alguns alunos, professores e famílias mexerem tanto com seu comportamento. E, principalmente, olhar para localizar os sentidos e significados de sua vida pessoal e profissional.

De acordo com Placco (2003), a função primordial do coordenador pedagógico é a formação. Formar implica o cuidado com o desenvolvimento profissional do professor em seu cotidiano de trabalho na escola, ou seja, é papel do coordenador provocar reflexões, buscando acessar o mundo interno de cada professor, suas crenças, seus valores e suas atitudes, ampliar sua consciência e responsabilidade na forma de conduzir a atuação docente. Não há processos formativos na ausência do outro – do CP e do professor, pois a formação se dá junto, nos processos coletivos.

O professor, nesse processo reflexivo, descreve e relata o que faz, informa e significa o que e como fez, confronta seu processo, quando consegue recuperar seu percurso sobre como chegou à sua prática e, por fim, consegue reconstruir sua formação, quando pensa que pode fazer diferente, que pode transformar a ação formadora junto a seus alunos. Os coordenadores pedagógicos, a partir dos registros e dados produzidos, das observações e escuta nas diversas reuniões, dos documentos construídos em planejamentos e (re)planejamentos, estuda a autoavaliação de cada professor e faz uma devolutiva personalizada, com perguntas e provocações, recorrendo a diferentes linguagens e estratégias para o professor pensar criticamente em sua prática e, quem sabe, transformá-la.

Um momento significativo é a avaliação de desempenho institucional, oportunidade em que professores, individualmente, escrevem seus planos de ação e metas para o ano letivo, respondem a um questionário, ou constroem um texto com base nos princípios da escola, em consonância com o projeto formativo da coordenadora pedagógica para o ano letivo, semestre ou trimestre, dependendo do tempo estabelecido para cada plano formativo. É no momento de escrita individual docente e devolutiva planejada pela e com a coordenadora pedagógica que o professor se autorregula; por meio das metas levantadas, analisa suas intervenções formativas, reflete em sua prática e se apropria dos valores institucionais estabelecidos.

Seu desenvolvimento profissional se realiza a partir da ação, pela reflexão sobre a ação. Aprendemos ao passar pela experiência, refletindo sobre ela, naquele momento e após seu término, pois é no confronto e na reflexão sobre a situação-problema que se pode favorecer o desenvolvimento de competências profissionais e relacionais, tanto no trabalho cotidiano, quanto nos projetos de longo prazo, realizados coletivamente.

Refletindo sobre o contexto histórico referente à avaliação, é preciso construir, na cultura escolar e entre os professores, uma nova perspectiva, em que a avaliação envolve uma atitude amorosa, afetiva e acolhedora, pois oferece, na sua intencionalidade, a integração e a inclusão, valorizando a subjetividade no percurso da construção do conhecimento. Essa maneira de avaliar evita críticas severas, classificatórias e julgamentos, pois não seleciona, mas garante um diagnóstico para tomada de decisão do professor – e também do coordenador pedagógico – rumo ao alcance do melhor desempenho e aprendizagem de todos.

A autoavaliação formativa, a partir dos resultados da investigação realizada, se constitui como instrumento de autorregulação do processo de aprendizagem, pois, por meio da autoanálise e visibilidade do percurso de ensino-aprendizagem, o professor e o aluno podem desenvolver uma consciência crítica a respeito do conhecimento construído, o que lhes permite evoluir e colaborar socialmente para outros percursos de aprendizagens, gerando a cultura e o hábito de pesquisar evidências para desenvolver uma visão crítica.

Os eixos de análise da investigação realizada: o contexto escolar, as narrativas, o registro, o processo colaborativo, a visibilidade do pensamento e o exercício metacognitivo, foram fundamentais, uma vez que impulsionaram o movimento de refletir para transformar a prática.

FIGURA 1. Eixos do Processo Autoavaliativo

Diagrama com o círculo central "AUTOAVALIAÇÃO" rodeado por: REGISTRO, NARRATIVAS, CONTEXTO ESCOLAR, PROCESSO COLABORATIVO, METACOGNIÇÃO, VISIBILIDADE DO PENSAMENTO.

Fonte: elaborado pela autora (Melo, 2023, p. 81).

Assim, a partir do método qualitativo de análise dos registros autoavaliativos dos professores e da escuta da roda de conversa, os professores confirmaram que os temas dos eixos apontados favoreceram o seu exercício de pensar criticamente na ação de ensinar e aprender.

O contexto escolar na formação dos professores: a necessidade de criar pausas.

O funcionamento do cotidiano da escola tem exigido dos professores e do coordenador pedagógico atribuições de urgência burocrática, proporcionando contextos insatisfatórios à formação, distanciando os docentes, cada vez mais, da intencionalidade da ação pedagógica, inviabilizando momentos para autoanálise e autoavaliação. Placco (2003, p. 50), em seu estudo referente ao cotidiano da escola, explica:

> [...] pode-se pensar a pausa como um rico momento de recomposição de si mesmo, de re-integração de pensamentos, valo-

res e ações, de re-arranjo de modos de conhecer e interpretar o mundo, a si mesmo e aos outros, a tal ponto que transformações pessoais e profissionais possam ali encontrar um valioso nicho.

O contexto escolar que valoriza a pausa proporciona um momento precioso de retomada e validação dos conhecimentos, crenças e valores de cada educador, possibilitando as diferentes maneiras de olhar e interpretar o mundo, o outro e a si mesmo, o que favorece as transformações pessoais e profissionais. Essas ricas situações colaboram para o processo formativo da autoavaliação, pois implicam análise da intencionalidade docente e da dimensão identitária profissional.

A partir dos estudos do sociólogo francês Claude Dubar (2005), pesquisador das identidades constituídas no trabalho, acreditamos que o contexto[4] da escola favorece a constituição identitária profissional, por meio das interações sociais, em que diversas atribuições se cruzam com a história pessoal e social de cada um, definindo, nesse processo, a adesão ou pertenças (de si para o outro) aos atos de atribuição (do outro para si), pois nos constituímos enquanto educadores pelas diversas dinâmicas presentes no contexto escolar, considerando a história pessoal de cada um e o que os outros dizem e/ou solicitam para nós.

O contexto escolar que não prioriza a formação distancia os professores dos momentos reflexivos, e, dessa forma, a escola corre o risco de ter uma nova geração de professores que constitua uma identidade profissional docente pautada em repetição de modelos de práticas sem análise crítica, sem questionamento da realidade e, ainda, sem se sentir pertencente, vivo e dinâmico, na formação de seus educandos. Para Placco e Souza (2018, p. 15):

> Entendendo a formação como tendo um caráter vivo, abre-se um espaço de reflexão, quando se pretende dialogar com o formador. Entendemos que o Coordenador Pedagógico precisa assu-

---
4. Dubar se refere ao contexto profissional, mas não especificamente ao contexto da instituição "escola". No entanto, tem sido tema de nossos estudos analisar essa instituição a partir dos conceitos desse autor.

mir a perspectiva da reflexão, do questionamento da realidade que vive. Não é só experiência prévia, nem prescrição, mas problematização, e este é o prisma das ideias aqui expostas: fazer pensar, refletir, questionar, discordar, propor, enfim.

A formação desenvolvida na escola precisa, então, proporcionar um ambiente de reconhecimento profissional, para deixar marcas importantes de identidades pessoais presentes, de manifestações singulares de cada professor e de cada formador, com o objetivo de partilhar com outros educadores seus saberes, fortalecendo, assim, uma identidade profissional docente que deve, necessariamente, constituir-se na troca, no compartilhar de estudos e pesquisas e na tomada de decisões formativas.

Isso! Eu acho que a gente se ajusta muito com as meninas do mesmo ano, essa autoavaliação a gente leva aí, na vida, no dia a dia. Funcionou essa prática ou não? E eu acho que aqui – é o meu terceiro ano nesta escola, eu vejo muito essa questão da autoavaliação, direcionando a prática futura do professor para agora ou para o próximo ano, ou sempre trabalhando em cima de expectativas e de métodos do que se pode melhorar. Mas eu acho que os professores desta escola são comprometidos, eles são reflexivos, minuto a minuto na aula; acaba uma aula e ele já sabe, e questiona, o que deu certo e o que não deu, ele é muito intuitivo. Parece que o professor tem essa questão de intuição mesmo. (Relato da Profª Alaís, na Roda de Conversa)[5]

Refletindo sobre a identidade profissional como um processo sistêmico, comunicativo e construtivo, é possível considerar, também, a relação provisória da identidade diante de um determinado tempo, espaço ou período, porque é histórica, dado que é repensada, revitalizada e pode admitir as mudanças velozes dos tempos atuais, assim como a vivência de diferentes papéis e atribuições existentes.

---

5. Relato da professora participante da pesquisa na Roda de Conversa, em 4 de novembro de 2022.

Portanto, a escola, enquanto contexto da formação, deve possibilitar pausas, para a reflexão e a avaliação do processo, mesmo diante de situações de urgência, para os educadores não caírem em ações de *bombeiros*. Consideramos, também, que a pausa e reflexão da prática possibilitam o processo de desenvolvimento identitário profissional do professor e do coordenador pedagógico, sendo ações dinâmicas, de construção de atribuições e pertenças, de retomada da história de vida de cada educador e, ancoradas em contextos situacionais de formação e investigação da prática, poderão qualificar a ação do ensino e aprendizagem da escola.

Os professores pensam por meio de narrativas

O processo autoavaliativo potencializa a identidade profissional docente, pois provoca o professor a pensar em seu percurso de ensinar e aprender, em seus sentidos e significados.

> *Percebo-me, especialmente no decorrer deste ano letivo, me debruçando sobre os documentos e materiais do ano, para me apropriar das propostas, conteúdos e estratégias. Bem constantemente, estou em busca das parceiras de trabalho para aperfeiçoar a didática da aula.* (Registro autoavaliativo da Prof.ª Alair, junho de 2022)

O registro com diferentes formatos e significados é, então, um procedimento que obriga o educador ao exercício da disciplina, do rigor com vigor, pois é a concretização do pensamento e da investigação de si, do outro, das relações e do contexto de trabalho. Elaborado num processo de ação-reflexão-ação, de interrogação e reflexão, o documentar exige, por isso, um compromisso do educador em assumir o envolvimento da razão com o coração, visto que a investigação, bem documentada e equilibrada, proporciona uma vitalização e uma potencialização de aprendizagens no adulto-professor. Para as pesquisadoras Placco e Souza (2006, p. 31), esse movimento de idas e vindas possibilita a ressignificação do percurso de aprendizagem:

> O ato de lembrar pode trazer consigo recursos de vitalidade e ânimo, gerados na espessura de uma experiência. Esta, quando

interrogada e refletida, revela sentidos e oportunidades inesgotáveis de traçar outros significados. Esse movimento favorece possíveis inclusões e interpretações, atuando diretamente sobre nossa porosidade e potencializando novas aprendizagens.

A auto-observação e o registro como caminhos para a autoavaliação

Quanto mais o professor pensar em seu trabalho, mais ele encontrará, no diálogo e na troca com seus pares e coordenadores pedagógicos, rotas para aprimorá-lo, sendo uma oportunidade de dar visibilidade também ao seu pensamento, intencionalidade e, por consequência, suas intervenções. Henri Wallon, pesquisador do desenvolvimento integral do indivíduo, traz contribuições para a escola sobre a importância da afetividade e a relevância da observação do professor quanto ao aluno, como ferramenta de trabalho de autoanálise necessária para o trabalho do professor. Almeida (2010, p. 31), com base nos estudos de Wallon, enfatiza:

> Para tanto, é necessário que o professor seja um observador constante de seu aluno. E lembrar que a observação não é um decalque da realidade, é apenas uma aproximação, porque o observador tem sempre um quadro referencial para a sua observação. Portanto, tem que constantemente observar-se a si mesmo. Se o aluno precisa ser observado nas suas condições concretas de existência, o professor-observador precisa aceitar que ele também é historicamente constituído nas suas condições de existência das quais decorrem seus quadros de referência. Daí o cuidado de observar-se e observar não apenas seus alunos, mas a situação total: professor-aluno-meio social.

Por esse motivo, Almeida (2010) propõe aos educadores a reflexão do professor enquanto pesquisador da prática, a partir da observação constante de seu aluno e do desenvolvimento da aprendizagem, pois, enquanto observa e pesquisa, o professor analisa a si mesmo, propõe a prática de observar e observar-se, considerando a ação didática e o ambiente. Além disso, investiga o clima da aula, da escola e do espaço de convivência saudável que possibilita o desenvolvimento das habilidades e competências. A ação de observar o aluno e, ao mesmo tempo, a oportunidade de observar seu trabalho, a si mesmo, de pesquisar a prática, exigem distanciamento reflexivo e necessário para a formação dos professores e remete à ação da autoavaliação de desempenho do professor. Parar para pensar na/a prática, para recuperar a narrativa de trabalho, para buscar na memória as ações e intenções formativas, é uma pausa necessária não só para o professor, mas também para todos os educadores da escola. É uma maneira de reconhecer etapas do desenvolvimento e as diferenças individuais, de pensar na possibilidade de apresentar o conhecimento de forma significativa e de propor avanços na aprendizagem.

Dar visibilidade ao pensamento e aos conhecimentos dos professores

Tornar visível o pensamento envolve contar e comunicar o processo; evoca a pesquisa e a metacognição, uma mudança de cultura em sala de aula.

Promover uma cultura de pensamento e investigação na escola significa construir um ambiente escolar para perguntar e aprender sobre as coisas e sobre o que se observa e registra, conectar ideias, exercitar a curiosidade, confrontar pontos de vista e opiniões, questionar a prática, pensar em si e sobre os pares.

Dessa forma, a *aprendizagem visível* (Hattie[6], 2017) favorece a formação para o compromisso, autonomia e colaboração, oportunizando o processo de desenvolvimento de competências e habilidades.

---

6. O ensino e aprendizagem visíveis ocorrem [..] quando há uma prática deliberada destinada a obter o controle sobre o objetivo, quando há feedback fornecido e recebido e quando há pessoas ativas e apaixonadas envolvidas (professores, alunos, pares) participando no ato de aprendizagem. Trata-se de professores vendo a aprendizagem através dos olhos dos alunos, e de alunos vendo o ensino como a chave para a sua aprendizagem contínua (Hattie, 2017, p. 14).

Para tornar, enfim, o pensamento visível, é preciso ativar todos os instrumentos de trabalho do professor-formador, do CP reflexivo, fortalecendo a aprendizagem do adulto professor: a ação de perguntar, questionar a prática, o olhar, a escuta, a esperança, a alegria, a constituição de grupo, a memória, o registro e aguçar o pensar e o saber, por meio de busca de significados e novos sentidos.

Ter a visibilidade de seu percurso profissional, colabora para conhecer e reconhecer-se em sua ação, identificar o seu Eu pessoal e seu Eu profissional, o quanto levamos de nossas crenças e valores para a escola, pois implica num processo de autoconhecimento.

O processo colaborativo e metacognitivo: o olhar de dentro para fora e de fora para dentro

O processo identitário é e pode ser construído de várias formas, com base na relação que cada sujeito mantém com os demais. O eu não se desenvolve, fechando-se em si mesmo, e sim, estabelecendo interações que o ajudam a constituir-se em uma maneira de viver.

Um educador, também, precisa de outro educador, de um autor, de um filme, de uma música, de uma pintura, para tecer sonhos, desejos e esperanças. Quando tecemos com o outro a nossa história, localizamos as nossas fragilidades, potencialidades, vivências e inscrições, o que desconstitui, constitui e reconstitui a nossa identidade profissional.

Terzi (2012, p. 126) amplia nosso repertório, ao qualificar a importância de cada um se olhar e narrar sua intimidade:

> Quando um professor decide narrar-se, não é só de si que ele está falando. Ele conta sobre o seu dia a dia e acaba contando sobre o dia a dia na escola, de uma sala de aula, num ato quase que obsceno, pois fala da intimidade, de uma intimidade que não é falada em grupos de formação e reuniões pedagógicas. Uma intimidade que dificilmente falamos para nós mesmos e quando falamos temos a sensação de vergonha, absurdo e autopunição. Quando mostramos essa intimidade e temos a coragem e a ma-

turidade para analisá-la e pensar sobre, talvez cheguemos no ponto de transformação.

É esse processo identitário que o professor deve viver em contextos coletivos de análise, estudo e reflexão sobre a prática, com a finalidade de gerar a possibilidade de compreender de forma mais significativa os processos, lançando luz sobre as aprendizagens e fragilidades, identificando questões e criando possibilidades de respostas, sempre plurais e provisórias; afinal, é assim que se ganha consciência de que as partes formam o todo, que se garante maior intencionalidade e assertividade nas ações e propósitos.

As perguntas são a raiz da busca incessante e necessária para a formação docente, e o exercício contínuo da autoavaliação poderá favorecer esse percurso, acompanhado de *feedbacks* ou devolutivas. Dessa maneira, o processo colaborativo e metacognitivo possibilita um olhar de dentro, mas, também, de fora para dentro, desenvolvendo as competências profissionais importantes ao professor, pautadas na criticidade, autonomia e cooperação.

Muitos são os instrumentos que permeiam a escola: portfólios, planos de ação, sínteses, pautas de trabalho ou reuniões, planos de trabalho e/ou planejamentos, avaliações, proposta curricular, entre outros. Porém, é na pesquisa com o grupo e no diálogo com os teóricos e parceiros de trabalho que investigamos a prática e aprimoramos nossas intervenções no dia a dia.

Considerações finais

A autoavaliação pode ser uma importante estratégia formativa para a (trans)formação docente?

Como o professor vê o exercício da autoavaliação, em nossa pesquisa?

A autoavaliação é necessária e fundamental. Primeiro, porque realizada durante todo o processo do ano letivo de trabalho, fundamentando-o e orientando seu percurso. Segundo, porque, como não é fruto de um único movimento e uma única ação, acontece em múltiplos momentos e ações, possibilitando um fazer e um repensar que conduzem a um refazer, o que pode gerar melhoras à formação. Terceiro, porque não só possibilita aperfeiçoamento profissional ao professor, como também e, sobretudo, ao processo de ensino-aprendizagem do aluno.

Durante toda a investigação realizada nos registros autoavaliativos das participantes, além das perguntas e uso de diferentes linguagens, na Roda de Conversa, buscamos evidências para compreender se o professor observa e analisa seus aprendizados e avanços profissionais, por meio dos eixos presentes em seu cotidiano de trabalho: contexto escolar, narrativas, registro, processo colaborativo, visibilidade do pensamento e exercício metacognitivo, e quais as contribuições percebidas pelos docentes, no processo de formação e transformação da prática por meio do exercício da autoavaliação.

Evidenciamos, no discurso das participantes da Roda de Conversa e nos registros autoavaliativos, por meio de uma nuvem de palavras, alguns conceitos: reflexão, retomada, autoconhecimento, mudança e metacognição, revelando a oportunidade de análise, autorregulação, autocrítica, entre outras ações que mobilizam a transformação da prática pela formação.

Esses conceitos, explicitados na nuvem de palavras (Figura 2), revelam como o professor vê o exercício da autoavaliação, em nossa pesquisa.

FIGURA 2. Como o professor vê o exercício da autoavaliação, em nossa pesquisa?

Fonte: Mentimenter (organizado pelas autoras).

O conceito de reflexão é central, nesta representação visual, mostrando a importância do movimento reflexivo, que possibilita a análise da realidade, das relações e das aprendizagens, a retomada de conceitos e posicionamentos; que possibilita ainda o autoconhecimento e a reflexão metacognitiva, num processo de reversibilidade, flexibilidade e ponderação, crítica e autocrítica. São conceitos que, embasando o cotidiano da escola, levam ao avanço das aprendizagens de alunos e professores, tendo a reflexão como ponto de partida e chegada.

O exercício da autoavaliação não transforma somente a ação docente, mas, também, a do formador pesquisador, pois o CP também autoavalia seu trabalho, ao intervir na formação de seus professores e envolve-se em movimentos identitários profissionais significativos.

A devolutiva do CP ao professor exige cuidado e planejamento, pensar em perguntas e no uso de diferentes estratégias e linguagens, para evocar a reflexão crítica da prática docente.

É importante construir, com cada professor, metas e propósitos para a sua formação, no decorrer do ano letivo, o que exigirá do coordenador pedagógico reflexivo, também, um trabalho de devolutiva personalizada, um *feedback* pautado no estudo do professor, por meio da análise de suas formações, de seu cotidiano de trabalho, da coleta de seus recursos, nas observações de sala de aula, nas leituras dos registros, no acompanhamento formativo presente em seu cotidiano de trabalho, enfim, no aprofundamento da formação.

A escola precisa possibilitar uma cultura de pensamento, de construção de conhecimentos e exercícios de autoconhecimento, para favorecer a formação de um cidadão crítico e reflexivo.

A autoavaliação pode possibilitar a formação para um cidadão mais humanizado e responsável com o meio em que vive; a escola precisa, também, autoavaliar-se para fortalecer seu papel formativo com a comunidade, instituindo um clima de respeito para falar de si e de suas experiências e conhecimentos, em reuniões pedagógicas e em sala de aula.

Seja uma aprendizagem que dialogue com a vida ou com o movimento social, como relata Freire (1996), é necessário um momento na escola para o indivíduo articular os conhecimentos e sentimentos para se conhecer. A autoavaliação pode ser, assim, uma estratégia para a formação do século XXI, pois possibilita transformar a prática pedagógica e aperfeiçoá-la, gestando desenvolvimento profissional do formador professor, do formador dos formadores e coordenador pedagógico, implicando o autoconhecimento e o fortalecimento de seu papel profissional, reflexivo, pessoal e social.

Referências

ALMEIDA, L. R. Cognição, corpo e afeto. *Revista Educação*. São Paulo: Segmento, 2010. Disponível em: https://edisciplinas.usp.br/pluginfile.php/4130767/mod_resource/content/1/Cognicao%20corpo%20e%20afeto.pdf. Acesso em: 09 jul. 2024.

DUBAR, C. Para uma teoria sociológica da identidade. In: DUBAR, Claude. *A socialização: construção das identidades sociais e profissionais*. São Paulo: Martins Fontes, 2005, p. 133-159.

FREIRE, M. Apresentação. In: WARSCHAUER, C. *A roda e o registro: uma parceria entre professores, alunos e conhecimento*. Rio de Janeiro: Paz e Terra, ⁴2002.

FREIRE, P. *Pedagogia da Autonomia - Saberes necessários à Prática Educativa*. São Paulo: Paz e Terra, 1996.

HATTIE, J. *Aprendizagem visível para professores*. Porto Alegre: Penso, 2017.

MELO, A. B. *Autoavaliação como estratégia para a (trans) formação docente*. 2023. 151f. Trabalho Final (Mestrado em Educação: Formação de Formadores) – Pontifícia Universidade Católica de São Paulo, São Paulo, 2023.

PLACCO, V. M. N. S.; SOUZA, V. L. T. de. (orgs.) *Aprendizagem do adulto professor*. São Paulo: Loyola, 2006.

PLACCO, V. M. N. S. O coordenador pedagógico no confronto com o cotidiano da escola. In: PLACCO, V. M. N. S.; ALMEIDA, L. R. (orgs.) *O coordenador pedagógico e o cotidiano da escola*. São Paulo: Loyola, 2003, p. 47-60.

PLACCO, V. M. N. S.; SOUZA, V. L. T. O que é formação? Convite ao debate e à proposição de uma definição. In: ALMEIDA, L. R.; PLACCO, V. M. N. S. (orgs.) *O coordenador pedagógico e seus percursos formativos*. São Paulo: Loyola, 2018, p. 9-16.

TERZI, C. A. A experiência vira palavra. In: TERZI, C. A., RONCA, V. F, C, CHRISTOV, L. H. S., COSTA, S. A., BARBERENA, E. L. H. *Narrativas de Educadores: Mistérios, metáforas e sentidos*. São Paulo: Porto de Ideias, 2012, p. 121-132.

Formação Engajada:
a arte como instrumento de transformação

Sandra Santella Sousa[1]
(ssantella@hotmail.com)

Fernanda Coelho Liberali[2]
(liberali@uol.com.br)

Este capítulo traz o relato de pesquisa vivenciada no doutoramento em Linguística Aplicada e estudos da Linguagem, na Pontifícia Universidade Católica de São Paulo, no contexto de formação de professores. Partimos das questões colocadas pela escola, que os professores descrevem como um espaço caótico, impactados e com dificuldades de lidar com incidentes como situações de racismo, intolerância religiosa e homofobia. Suas propostas pedagógicas não se sustentam diante do quadro de desinteresse, indisciplina e violência dos jovens, enquanto os jovens não encontravam espaço de ação e manifestação de seus interesses e vontades. Diante disso, a questão que se coloca é: de que forma a formação contínua pode contribuir com os professores para lidarem com as situações enfrentadas na sala de aula? E, mais especificamente, que tipo de formação corresponde a esse propósito?

---

1 Doutora em Linguística Aplicada e Estudos da Linguagem e Mestre em Educação: Formação de Formadores pela Pontifícia Universidade Católica de São Paulo – PUC-SP. Coordenadora Pedagógica na Prefeitura do Município de São Paulo.

2. Doutora e Mestre em Linguística Aplicada pela Pontifícia Universidade Católica de São Paulo – PUC-SP, pós-doutorado pela Universidade de Helsinki, pela Freie Universität Berlin e pela Rutger University e realizou estágio de pesquisa sênior na Universidade de Notre Dame/USA. Professora nos programas Educação: Currículo, Educação: Formação de Formadores e Linguística Aplicada e Estudos da Linguagem na Pontifícia Universidade Católica de São Paulo.

Nesse cenário, este capítulo apresenta a constituição de um cineclube de educadores na região Noroeste da cidade de São Paulo com o objetivo de investigar se a prática cineclubista contribui para a construção de uma formação engajada de professores. Essa investigação está embasada na Teoria da Atividade Sócio-histórico-Cultural de Vygotsky (2008) e nas concepções da Linguística Aplicada sobre linguagem, incorporando a necessidade do uso do conceito de formação engajada (Santella de Sousa, 2024; Walsh, 2013; 2019; Freire, 2015; Liberali 2015; Magalhães, 2004; 2018; Ninin; Magalhães, 2017; Liberali et al., 2021) e da arte na formação de professores (Souza, 2016).

A Metodologia esteve pautada na Pesquisa Crítica Colaborativa (Liberali, 2004, 2009, 2015; Magalhães, 2004, 2018), pois possibilita que todos da comunidade educativa tenham participação na gestão dos processos educativos, na medida em que apontam para a transformação da realidade a partir das necessidades reais em um espaço de colaboração para o desenvolvimento do grupo formativo.

Para seguir com nossa explanação, discorreremos sobre o conceito de formação engajada de educadores, seguido pelo referencial metodológico e o contexto "cineclube de educadores" onde essa discussão ocorre.

A formação engajada de educadores

O Grupo de Pesquisa Linguagem em Atividade no Contexto Escolar (LACE) iniciou a discussão sobre a formação engajada de professores no IV Simpósio de Grupos de Pesquisa sobre formação de professores do Brasil – A formação de professores: pesquisas e avanços no campo, com a apresentação do trabalho intitulado "GP Lace na formação engajada". Oportunamente o conceito foi discutido e aprofundado por Santella Sousa (2024) que abordou a importância dos processos colaborativos críticos para a formação de professores.

Ancorada na Teoria da Atividade Sócio-histórico-Cultural (TASCHC) entendemos que a ação do indivíduo é constituída por um processo histórico-cultural, em uma rede complexa de desenvolvimento a partir das relações com o mundo e com os outros (Vygotsky, 2008). A formação de professores inserida na perspectiva da TASHC se constitui na visão de uma formação engajada de professores com a criação de ambientes de formação, em que os sujeitos se reconheçam como participantes do processo coletivo e colaborativo de transformação, que assume a consciência intencional na atividade com vistas para a transformação da realidade.

Diante disso, afirmamos que as normatizações curriculares que não levarem em consideração as tensões e dilemas, como, por exemplo, as situações de conflito nas salas de aula, o tempo de trabalho, o número de alunos por sala, a escassez de recursos materiais das instituições, o controle administrativo dos gestores, as condições de vulnerabilidade dos estudantes, situações essas que são descritas pelos educadores, não serão bem-sucedidas em sua implementação.

Assim sendo, nos propomos a problematizar as políticas de currículo e formação docente apresentadas na "Proposta para a Base Nacional Comum da Formação de Professores da Educação Básica" (BNC-Formação) de 2018, instituída pela Resolução CNE/CP nº 2 de 2020. A BNC-Formação, baseada na BNCC, define diretrizes para a formação inicial e contínua dos professores da Educação Básica, organizando-se em cinco partes principais, com foco na matriz de competências profissionais para essa análise.

Na BNC-Formação, "competência" é definida como a capacidade de mobilizar conhecimentos, habilidades, atitudes e valores, conforme Perrenoud (2000). As competências são divididas em três dimensões: conhecimento profissional, prática profissional e engajamento profissional. No entanto, Reis e Gonçalves (2020) alertam que essa visão de competências atende às exigências do mercado e das avaliações internacionais, ignorando o contexto sócio-histórico dos educadores e dos alunos.

O documento destaca que o conhecimento profissional é decisivo para a competência, enfatizando a prática, mas sem a devida reflexão pedagógica, o que, segundo Tardif (2014), perpetua rotinas escolares tradicionais. Tardif também aborda a profissionalização do ensino, a epistemologia da prática profissional e as características dos saberes docentes. Elencando os saberes temporais que se desenvolvem ao longo da carreira, levando em consideração processo de vida profissional e trajetória; o saber heterogêneo e plural que provém da vida cultural, pessoal e escolar, ou ainda fatores que são orientados pelas motivações dos alunos; e, por fim, os saberes profissionais personalizados e situados em que se destacam as relações de interação e o professor.

A dimensão do engajamento profissional é tratada como um compromisso ético e moral com os alunos, embora isso não seja suficiente para superar opressões, em busca de justiça social. A BNC-Formação também menciona a importância da colaboração, mas se limita a propor a colaboração como um compromisso com o outro. Aqui propomos expandir o conceito de colaboração para o compromisso com o outro e com a realidade.

Para pensar a colaboração na formação de educadores é necessário criar espaços para troca, negociação ou rejeição de pontos de vista em situações de contradição. Liberali (2015) destaca que o trabalho colaborativo crítico envolve confronto de ideias e negociação para atingir objetivos comuns, sendo parte de um processo complexo de autoconsciência e contínua transformação dos envolvidos e dos contextos escolares. Assim, os sujeitos são provocados a questionar as situações de opressão e alienação que movem as ações da escola, a fim de construir contextos transformativos.

Nesse sentido, acreditamos que o engajamento também passa pelos ideais propostos por Freire ([1970] 2015) sobre a educação emancipatória, que contempla a conquista da liberdade dos sujeitos num processo de transformação e intervenção no mundo a partir de uma concepção ética e política de superação das desigualdades e das injustiças sociais.

O engajamento, proposto por Freire (2015), segue os ideais da educação emancipatória, que busca a liberdade dos sujeitos por meio da transformação e intervenção no mundo, visando superar as desigualdades e injustiças sociais. Isso envolve uma educação transformadora baseada na interação social, no diálogo e na abertura para o outro, com uma investigação que compreende a totalidade da realidade.

Freire discute o conceito de engajamento como parte da liberdade existente na "radicalização", em que o compromisso com a transformação do contexto é essencial. Para isso, são necessárias a investigação e compreensão, por meio da problematização de temas, partindo da realidade para chegar à realidade. Nas palavras do autor "elaborar um programa a ser doado para o povo" (Freire, 2015, p. 139). Freire (2015) propõe dois momentos: desvelar o mundo e transformar a realidade. Sendo assim, o engajamento não deve ser apenas ativismo, mas sim uma prática reflexiva e comprometida com a transformação social.

Assim sendo, nós propomos a formação engajada de professores à luz da pedagogia decolonial e do cinema como instrumento de transformação. A pedagogia decolonial proposta por Walsh (2019) surge do pensamento Modernidade/Colonialidade (M/C), desenvolvido no final dos anos 1990 por intelectuais latino-americanos que buscavam inserir a região no debate pós-colonial.

Walsh (2019) adota o conceito de decolonialidade, marcando uma distinção com o termo "descolonial", para enfatizar a existência de um estado livre de colonialidade, propondo uma luta coletiva contra o sistema dominante. A pedagogia decolonial busca revelar o projeto racista e alienante da história eurocêntrica-ocidental, reconhecendo e ressignificando o conhecimento e reconhecimento das culturas de origem africana e indígena. O pensamento decolonial visa reconhecer as condições ontológico-existenciais da colonialidade, para, então, reapropriar/recuperar/reposicionar a vida em sociedade e as lutas libertadoras, transformando categorias identitárias.

O texto de Walsh (2013), com atenção especial ao pedagógico e político, busca fundamentos para pensar a pedagogia em Paulo Freire e Frantz Fanon. Seu objetivo foi entender como a proposta descolonizadora de Fanon (2010), baseada na racialização e na desumanização colonizadora, diferencia-se da de Freire, que articula uma pedagogia libertadora. Para Freire, o ponto de partida é o pedagógico; para Fanon (2010), é o problema colonial: descrever e narrar a situação de colonização pode revelar e impulsionar o anti e decolonial, possibilitando a consciência própria do povo colonizado capaz de gerar a transformação social. A formação engajada de professores, cunhada à luz da pedagogia decolonial, implica relações pessoais e coletivas, práticas sociais, culturais e políticas historicamente situadas – fazendo uma metáfora com uma greta (rachadura ou pequena fenda no solo onde brotam pequenas plantas e flores), Walsh (2019) defende que a pedagogia decolonial encontra pequenas "gretas" para agir, romper para aprender a desaprender, pensar, atuar, sentir e caminhar decolonialmente, individual e coletivamente, objetivando romper com o mundo colonial dominante. "As gretas dão luz a esperanças pequenas" (Walsh, 2019, p. 32)[3].

Dessa forma, propomos que o conceito de formação engajada perpassa três aspectos centrais: a) compreensão de colaboração crítica (Magalhães, 2004; 2018; Ninin; Magalhães, 2017; Liberali et al., 2021), porque consideramos o compromisso com o outro, como proposto pela BNC-Formação, mas buscamos expandir, possibilitando aos participantes envolverem-se intencionalmente, responsivamente, num constante movimento dialético, buscando a transformação de contextos reais; b) Pensar o engajamento a partir do ponto de vista proposto por Freire (2015) com o desvelar do mundo e transformação dos contextos de opressão e, c) resistência ética (Walsh, 2019) digna contra o autoritarismo dos regimes de opressão e de controle de poder.

A formação engajada de educadores e o cinema como instrumento para a formação engajada se entrelaçam ao reconhecerem a necessidade de práticas pedagógicas críticas e transformadoras. O Grupo de Pesquisa Linguagem em Atividade no Contexto Escolar (LACE) destaca a importância de processos colaborativos críticos na formação docente, enquanto a pedagogia decolonial e o uso do cinema oferecem ferramentas para essa transformação. Integrando a teoria crítica com abordagens artísticas, como o cinema, promovemos uma formação que não apenas reconhece e valoriza

---

3. Livre tradução do trecho: "Las grietas dan luz a esperanzas pequeñas".

as diversidades culturais, mas também incentiva uma reflexão sobre a realidade social, permitindo aos educadores e estudantes desenvolverem novas perspectivas e ações transformadoras.

O cinema como instrumento para a formação engajada

O cinema, inventado no final do século XIX, nos anos 1890, foi possibilitado por descobertas tecnológicas como a eletricidade, a invenção do telefone, mudanças nos meios de transporte e a introdução da fotografia (Ferreira, 2018). Os filmes dessa época, classificados como cinema de atração, apresentavam cenas do cotidiano. No Brasil, a história do cinema começou em julho de 1897 com a inauguração da primeira sala fixa de cinema no Rio de Janeiro, o "Salão de Novidades Paris", que projetava curtas-metragens de cerca de um minuto, mostrando cenas do cotidiano das cidades europeias.

Em relação ao cinema e à educação, estudos de Marília Franco (2004) e Mogadouro (2011) discutem a introdução do cinema no contexto educacional. Nos anos 1920, durante o movimento Escola Nova, foi criada no Rio de Janeiro a "Comissão de Cinema Educativo", vinculada à subdiretoria Técnica de Instrução Pública, em 1927, que visava modernizar o ensino tradicional. Entendemos por ensino tradicional, de acordo com Freire (2015) a prática antidialógica em que o professor é detentor do saber e os estudantes meros receptáculos que receberão os conhecimentos transmitidos e/ou depositados pelo professor.

Na década de 1940, uma geração mais crítica emergiu com a criação de cineclubes brasileiros, influenciados por Paulo Emílio Salles após seu retorno da França. Em 1976, a difusão do cinema educativo ficou a cargo do Instituto Nacional de Cinema, criado em 1966 com uma visão mais conservadora sobre o uso do cinema nas escolas.

Mogadouro (2011) explica que essas experiências resultaram na clara demarcação entre filmes de entretenimento e educativos, levando à percepção equivocada de que os filmes educativos poderiam substituir completamente as aulas. Isso contribuiu para o preconceito persistente contra o uso do cinema no ambiente escolar até hoje. Essa visão limita o uso do cinema como arte e sua potencialidade. Ao explorar as contribuições da psicologia para entender o papel da arte na educação, fundamentamos a justificativa para utilizar o cinema como ferramenta na formação de professores. Souza et al. (2019) destacam que a integração da arte na educação, especialmente na formação docente, tem o potencial de abrir espaço para a ressignificação da realidade, fazendo emergir contradições que permeiam as ações dos educadores em uma atividade dinâmica de escuta e diálogo. Isso possibilita a construção de novos modos de perceber a si mesmo e ao outro, promovendo relações mais ricas com colegas de trabalho, estudantes, famílias e a gestão escolar. A arte facilita o questionamento de discursos cristalizados, a superação de resistências e o diálogo, trocas de conhecimento e experiências fundamentais no processo formativo.

Essa abordagem dinâmica de escuta e diálogo possibilita a construção de novas perspectivas tanto para os professores quanto para outros membros da comunidade escolar, incluindo estudantes, famílias e gestores. Para exemplificar, traremos os dados obtidos na pesquisa de Santella Sousa (2024) com um cineclube de educadores.

Contexto de pesquisa e referenciais metodológicos

Adotamos a abordagem da Pesquisa Crítico-Colaborativa (PCCol) (Liberali e Magalhães, 2004; 2018) como base metodológica, pois se destaca como um espaço para a análise crítica da formação de professores, visando à transformação intencional da realidade a partir das necessidades reais, em um ambiente de colaboração para o desenvolvimento do grupo formativo.

A PCCol não se limita à observação e análise, pois também promove a criação de ambientes colaborativos onde todos os participantes são ouvidos e respeitados, buscando criar contextos de transformação ativa, tanto individual quanto coletivamente.

Além disso, facilita a integração das necessidades formativas dos docentes com a reflexão crítica, promovendo ações compartilhadas durante os encontros formativos (Liberali e Magalhães, 2004; 2018). A colaboração neste estudo implica a participação ativa dos envolvidos, por meio do compartilhamento, bem como do questionamento e suas implicações na prática pedagógica e o papel de todos na construção coletiva de ações transformadoras.

Para a coleta, a produção e a análise de dados, participamos do cineclube de educadores. Esse cineclube surgiu entre maio e junho de 2019, a partir de uma formação para professores que foi realizada em uma escola da Secretaria Municipal de Educação de São Paulo (SME), reunindo os educadores que desejavam continuar com os debates sobre os filmes e os temas relacionados à educação. Para 2020, os encontros mensais do cineclube planejavam continuar como uma proposta formativa, mas adaptações foram necessárias, devido a pandemia de COVID-19, quando o distanciamento social foi orientado pelas autoridades de saúde. As sessões migraram para plataformas online, utilizando o Zoom para videoconferências. Essa mudança permitiu maior participação de educadores de diferentes regiões, permanecendo até o ano de 2022, quando voltamos com os encontros presenciais como proposta formativa aprovada em SME.

Utilizaremos as categorias reflexivas para analisar os dados obtidos no encontro de 19/11/2020 com o debate sobre o filme documentário "Espero tua (re)volta". A diretora monta a história das ocupações das escolas estaduais por estudantes, com um arquivo que vai das manifestações de junho de 2013 até as eleições de Jair Bolsonaro, em 2018. O debate ocorrido nesse encontro foi escolhido para a produção e análise dos dados na seção de discussão. Essa escolha se deu devido ao tema do filme se aproximar do debate da escola sobre a juventude e os anseios dos docentes para a educação.

As categorias reflexivas utilizadas na análise nos permitiram investigar os princípios que embasam a prática docente. Para o desenvolvimento da discussão dos resultados, apoiamo-nos nas ações crítico reflexivas propostas por Liberali (2004; 2009; 2015) com base em Smyth (1992). Assim, abordamos cada uma das quatro formas de ação reflexiva: descrever, informar, confrontar e reconstruir. O ato de descrever (Liberali, 2015) nos serve de apoio para obter uma percepção crítica das ações formativas. Depois de realizada a descrição com informações sobre o contexto, foi possível fazer inferências das ações formativas elucidadas pelos princípios teóricos que embasavam a pesquisa, ou seja, informar. O ato de informar nos serviu de base para analisar se a formação oferecida permitia o desenvolvimento engajado dos educadores. Na sequência, foi possível confrontar, ou seja, realizar um questionamento dos valores que estão na base das ações formativas. Nessa perspectiva, confrontar significa adotar uma visão crítica na confrontação da teoria e prática com as demandas da realidade, por fim reconstruir como uma possibilidade de realizar uma proposição de ações concretas futuras.

Discussão dos resultados

Observando as categorias da reflexão crítica, apresentamos a discussão dos dados obtidos no encontro de 09/11/2020 do cineclube virtual de educadores. Os participantes do cineclube, dentre eles: 15 professores, oito docentes no Ensino Fundamental II e Médio, cinco professores na Educação de Jovens e Adultos e, duas professoras universitárias; três coordenadores pedagógicos, incluindo a pesquisadora; quatro diretores de escola, sendo dois na ativa e dois aposentados; três supervisoras escolares, que se reuniram com objetivo de debater o filme "Espero tua (re)volta"

A reunião teve início com um breve relato sobre o cineclube para diretora, presente no encontro, e os combinados para participação: moderação, inscrições, tempo de fala e interação da cineasta com retorno às perguntas realizadas e comentários. Incialmente, nove pessoas fizeram comentários. Em seguida, a diretora respondeu perguntas, comentou as falas e contou a história do seu filme. A pesquisadora agradeceu e abriu espaço para mais contribuições, permitindo que outras oito pessoas falassem, seguidas de novos comentários da diretora. Depois, a pesquisadora trouxe o contexto da educação, falando sobre o currículo e a realidade escolar, seguidos por contribuições de mais duas pessoas.

Após realização do levantamento temático, elencamos os principais temas da reflexão dos educadores, na ordem em que mais aparece nas falas dos educadores no debate:
- ✓ formação profissional,
- ✓ impacto do filme (emoção),
- ✓ movimento estudantil,
- ✓ juventude,
- ✓ violência contra os jovens,
- ✓ homossexualidade,
- ✓ feminismo,
- ✓ racismo,
- ✓ questionamento sobre atuação profissional,
- ✓ estética do filme,
- ✓ questões políticas,
- ✓ manipulação da mídia,
- ✓ pobreza.

O levantamento temático reflete as preocupações e reflexões dos educadores que emergem durante o debate sobre o filme, destacando a complexidade do cenário educacional e social. Os temas abordados incluem a formação profissional dos educadores, a dimensão emocional e psicológica do impacto do filme, o movimento estudantil, e questões relacionadas à juventude. Também são discutidos temas sociais como violência contra os jovens, homossexualidade, feminismo, e racismo, indicando uma sensibilidade às experiências dos jovens. Além disso, os educadores abordam questões políticas, manipulação da mídia, e pobreza, conectando a educação a fatores sociais e políticos. O debate inclui uma reflexão sobre os temas que abrangem a escola e a reflexão crítica sobre a prática profissional, o que possibilita o uso da arte, nesse caso o filme, como instrumento potencializador do surgimento do debate formativo.

Para conduzir a análise temática presente no discurso dos participantes do cineclube, apresentamos pequenos excertos, coletados como base de dados da pesquisa de Santella Sousa (2024). Dessa forma, ao explorar os temas discutidos e sua relevância para o ambiente escolar, resgatamos a base teórica sobre a arte na formação de professores (Souza, 2016), decolonialidade (Walsh, 2019) e engajamento (Freire, 2015) que fundamentam a formação engajada desenvolvida no encontro.

Ao olhar para o quadro apresentado, salta aos olhos que o tópico de maior destaque no debate entre os participantes gira em torno da "Política". Quando mergulhamos em uma reflexão sobre esse tema, torna-se evidente que a questão da política permeia toda a narrativa do filme, especialmente ao abordar o movimento estudantil, uma vez que as questões políticas atravessam o contexto narrado pelas personagens durante a ocupação das escolas secundaristas.

Excerto 1: Elis[4]
Eu acho que foi uma das coisas mais importantes que aconteceu naquele momento de ebulição, que a gente estava vivenciando um golpe, a gente não sabia que estava vivenciando um golpe e o massacre a que foram submetidos os meninos.

Excerto 2: Glória
O movimento estudantil, eu nunca imaginei naquela dimensão de organização, nesse contexto mais contemporâneo, que eles mostraram uma quantidade de gente nos congressos e eles vão se formando ali né.

Excerto 3: José
Vendo a revolta dos estudantes, eu assisti alguns filmes sobre a revolta dos estudantes no Chile, o tipo de organização dos secundaristas no Chile, que é uma coisa muito bonita né? [...] Mas, a questão de como a escola não responde aos anseios da juventude e como eles têm o anseio de conhecimento e como eles foram buscar o conhecimento pela internet.

---
4. Para preservar o anonimato dos participantes do cineclube de educadores, utilizamos nomes fictícios.

O questionamento sobre o papel da escola, dos educadores, de suas aulas permeia o debate, o que indica grande potencial em trabalhar o filme como possibilidade para a construção da formação engajada, visto que o entendimento dos educadores para essas ações na escola é importante para o reconhecimento dos direitos, a busca por melhorias nas condições de ensino, a promoção da igualdade e inclusão, além do posicionamento em relação a questões sociais e políticas, como já citados: feminismo, racismo entre outros.

Da mesma forma, outros assuntos relacionados aos jovens emergem como elementos centrais nas discussões, indicando as questões da realidade dos jovens que aparecem no filme e são pontos importantes para os educadores refletirem as questões da escola. A exemplo disso, vemos que a importância dada à questão da violência contra os jovens é do mesmo modo relevante, pois proporciona uma oportunidade para os educadores refletirem criticamente sobre suas práticas.

O debate sobre o filme fez emergirem contradições e abriu possibilidades para a escuta e para o diálogo. Sob esse aspecto, evidenciamos os estudos sobre o papel da arte na formação (Souza, 2016), pois, a experimentação da emoção possibilita a ressignificação da realidade, na busca pela superação de valores cristalizados.

Além disso, a estética do filme é objeto de intensa discussão. A abordagem da realizadora do filme, na construção do documentário, a representação das personagens da vida real no documentário, a trilha sonora e a montagem, capturam a atenção do espectador. Isso levou os participantes do cineclube a envolverem-se ativamente, fazendo comentários, e suscitou debates por meio de perguntas sobre os modos de construção do filme para dar sentido às mensagens que são evocadas.

Para essa discussão, escolhemos um excerto em que a participante explora a questão técnica do filme, somada ao tema:

Excerto 4: Ania
o que me pegou muito no filme foi o som e a forma como esse som vai sendo construído ao longo do filme, para mim isso é muito potente e muito jovem né. A batida, a batida do funk né e,

é isso pega ali em algo né que essa, talvez a parte do que a gente entende por juventude né, e dessa expectativa de transformação e de mudança, né.

A reflexão apresentada convida os demais participantes a pensarem juntos nesse movimento de transformação, uma vez que o ritmo musical "funk" não apenas carece de valorização ou aceitação pela sociedade e pelos educadores no contexto escolar, mas desempenha um papel importante no desenrolar da narrativa do filme. Revelando que o estilo musical não apenas representa os jovens, mas personifica a transformação almejada, um aspecto enfatizado nas palavras da participante.

A partir dessa constatação é possível identificar que o saber heterogêneo, como um saber necessário para a formação docente, como apontado por Tardif (2014), que provém da vida cultural, oferece suporte para o professor lidar com questões da vida dos estudantes. Os participantes estabelecem relação entre ideias distintas e interligam a novos assuntos, como pobreza, feminismo, homossexualidade e racismo, que estão entrelaçados com os relatos sobre as emoções das experiências vividas em assistir ao filme e do processo formativo em destaque no encontro. Para evidenciar essa discussão elencamos pequenos excertos que mostram a presença desse debate:

Excerto 5: Hugo
"Pô um rolê cheio de mina, mano, monas, pô vai ter pegação, tipo a galera vai curtir, dançar também"; "os estudantes também usam esse espaço para questão política de abraçar seus corpos, da diversidade e tals né"; "sobre a questão da liberdade sexual".
Então, a experiência deles, dos adolescentes, quer dizer, a flor da pele toda a questão do corpo, a questão dos seus direitos.

Excerto 6: Ania
Eu gostaria de ressaltar é o momento em que eles falam assim, que na ocupação foi discutido o machismo, foi discutido o feminismo, foi discutido o racismo, mas que isso a gente não vê em aula. Eu sempre fico assim, pensando que, às vezes a gente

monta uma aula que você fala assim: nossa essa aula ficou muito interessante. E você vai para a sala de aula e aquilo não surte o efeito que a gente queria, que a gente esperava né.

Os jovens, que na escola são cercados de vigilância e controle, são apresentados no filme com todo seu potencial e manifestação de liberdade. A discussão entre os educadores reconhece esse movimento e sua legitimidade, elucidando o debate de que a instituição escolar não pode mais negligenciar a importância de compreender os jovens em suas manifestações, bem como em suas formas de organização, interação, comunicação e expressão, inclusive a dos corpos.

A discussão gira em torno do reconhecimento da juventude como sujeito ativo na construção de seus processos de formação, nos quais expressão, estética, música, vínculos, corpo, afetividade, linguagem e organização se entrelaçam nas complexidades das relações sociais e políticas, como narrado no filme. Esse reconhecimento dos professores sobre as necessidades dos jovens é ponto importante da formação engajada, pois, como nos alerta Freire (2015), é preciso desvelar a realidade, para depois transformá-la.

Relacionados a essa questão, a presença de dois personagens negros e seus relatos na narrativa do filme fazem surgir o tema racismo como eixo central, a violência e suas consequências, como vemos na fala da participante Glória:

Excerto 7: Glória
A Fala da Marcela principalmente traz na gente essa carga de emoção mesmo e quando eles falam do banzo, quase no final, dela ter inclusive desenvolvido crise de ansiedade, de tanta tensão, violência.

E, ainda, o racismo naturalizado na cena em que a personagem, um jovem negro, têm que mostrar a nota da bicicleta na abordagem policial.

Excerto 8: Lucia
tem os três meninos conversando e no fundo tem um menino tomando um enquadro (risos) foi muito hilário, depois ele apa-

rece e fala que ele teve que mostrar a nota da bicicleta. Gente, isso nunca tinha me ocorrido, que isso fosse uma preocupação dos jovens.

O conceito de "Banzo" foi resgatado pelos participantes a partir dos relatos dos personagens Koka e Marcela, que compartilharam suas experiências de sofrimento profundo, marcadas por sentimentos de desesperança e desejo de morte. Esse termo evoca os sentimentos dos povos escravizados que, confrontados com o sofrimento intenso, a nostalgia e as condições adversas nos navios de tráfico negreiro, além da desnutrição e desidratação, enfrentavam ímpetos de loucura com atos suicidas em alto mar. Nesses dois excertos, torna-se evidente que os participantes, impactados e surpresos com a cena do filme, identificam a violência enfrentada por estudantes negros e negras que frequentam a escola.

Pensando na centralidade do conceito de decolonialidade para a constituição de uma formação engajada, vemos, a partir do reconhecimento de estruturas dominantes e de exercício de poder, que para que haja uma pedagogia decolonial é necessário "atacar as condições ontológicas-existenciais" (Walsh, 2013. p. 55), incidir, intervir, transgredir para transformá-las em categorias identitárias.

Nessa perspectiva, o cineclube metaforiza-se em "greta" proposta por Walsh (2013), pois com ele abre-se caminho de resistência e insurgência em marcha contra as formas de opressão e poder vivenciados pelos docentes em suas escolas. Assim sendo, o quadro "Levantamento temático" é resultado dessas discussões ricas e complexas de ideias, perspectivas e questionamentos que refletem a diversidade do conteúdo do filme escolhido para análise dos dados.

No cineclube de educadores, a experiência do diálogo é permeada por saberes plurais, heterogêneos, de natureza prática e teórica na qual se incorporam a experiência com a escolarização, a convivência, a família, a igreja, o sindicato, os movimentos sociais, o envolvimento com a arte e o cinema, entre outros. Nela se destaca a disposição de interação dos sujeitos em uma ação conjunta e colaborativa, ainda que diante de conflitos e dilemas vivenciados pelos sujeitos, buscando soluções para as complexidades da realidade vivida. Este diálogo formativo não se restringe apenas à troca superficial de ideias, mas se aprofunda, na análise crítica de questões sociais e educacionais, assim como, na busca de atingir um objetivo que seja comum a todos (Liberali, 2015), potencialmente engajadas na transformação do contexto de opressão.

No cineclube, o filme como objeto de arte, o participante, professor, gestor, como sujeito ativo, que cria e recria, transformando sua realidade, a partir do encontro com o outro e com o cinema, nos situa diante do que propomos como formação engajada de educadores. A importância da formação engajada de educadores, concebida sob essa perspectiva, reside na capacidade de questionar os padrões estabelecidos e, assim, criar contextos propícios à transformação.

Considerações finais

Este capítulo explorou como a formação contínua pode formar professores para lidar com situações desafiadoras em sala de aula, especialmente em contextos marcados por racismo, intolerância religiosa, homofobia e outras formas de discriminação. Com base nas investigações do Grupo de Pesquisa Linguagem em Atividade no Contexto Escolar (LACE), no aprofundamento do conceito de formação engajada realizada por Santella de Sousa (2024) e na implementação de um cineclube de educadores, argumentamos que a prática cineclubista contribui significativamente para a formação engajada de professores. Ancoradas na Teoria da Atividade Sócio-histórico-Cultural (Vygotsky, 2008), destacamos a necessidade de ambientes formativos colaborativos e críticos, que promovam a reflexão e a transformação da realidade educacional.

Os debates no cineclube evidenciaram a importância de temas como formação profissional, impacto emocional dos filmes, movimento estudantil, juventude, violência contra os jovens, questões de gênero e racismo. Esses tópicos revelam as complexidades do cenário educacional e social, sublinhando a necessidade de uma formação que reconheça e valorize a diversidade cultural e promova a justiça social. A integração do cinema na educação, como defendido por Souza et al. (2019), facilita a ressignificação da realidade e a construção de novas formas de percepção e ação. A Pesquisa Crítica Colaborativa (Liberali, 2004; 2009; 2015; Magalhães, 2004; 2018; Ninin e Magalhães, 2017) proporcionou um espaço para a participação ativa e a transformação colaborativa, permitindo aos educadores desenvolverem práticas mais inclusivas e reflexivas. Este processo dinâmico de escuta e diálogo possibilitou a construção de novas perspectivas tanto para os professores quanto para outros membros da comunidade escolar.

Em resumo, a formação engajada de educadores, fundamentada na pedagogia decolonial e no uso do cinema, oferece uma abordagem poderosa para enfrentar as desigualdades e injustiças sociais. Por meio de práticas pedagógicas críticas e colaborativas, os educadores podem transformar seus contextos e promover uma educação mais inclusiva e emancipatória, conforme os ideais de Freire (2015) e Walsh (2013; 2019). Assim, a formação contínua pode ser vista não apenas como uma necessidade profissional, mas como um compromisso ético e político com a transformação social.

Referências

BRASIL. Ministério da Educação. *Base Nacional Comum Curricular (BNCC). Educação é a base*. Brasília: MEC, 2018a.

_____. Ministério da Educação. *Proposta para Base Nacional Comum da Formação de Professores da Educação Básica*. Brasília: MEC, 2018b.

FANON, F. *Os condenados da terra*. Juiz de Fora: UFJF, 2010.

FERREIRA, R. de A. *Luz, câmera e história: práticas de ensino com o cinema*. Belo Horizonte: Autêntica, 2018.

FRANCO, M. Você sabe o que foi o I. N. C. E.? In: *A cultura da Mídia na Escola: Ensaios sobre Cinema e Educação*. São Paulo: Annablume, 2004.

FREIRE, P. *Pedagogia do Oprimido*. Rio de Janeiro: Paz e Terra, 2015 [1970].

LIBERALI, F. As linguagens das reflexões. In: MAGALHÃES, M. C. C. *A formação do professor como um profissional crítico: linguagem e reflexão*. Campinas: Mercado das letras, 2004, p. 87-117.

_____. *Atividade social nas aulas de língua estrangeira*. São Paulo: Richmond, 2009.

_____. *Formação crítica de educadores: Questões fundamentais*. Campinas: Pontes, ³2015.

LIBERALI, F. C.; MAGALHÃES, M. C. C.; MEANEY, M. C.; FIDALGO, S.; DIEGUES, U. C. C.; SANTELLA SOUSA, S.; PARDIM, R. Critically Collaborating to create the viable unheard of - connecting Vygotsky and Freire to deal with a devastating reality. In: SOUZA, V. L. T. de; ARINELLI, G. S. *Qualitative research and social intervention: transformative methodologies for collective contexts*. EUA: Springer, 2021, p. 65-83.

MAGALHÃES, M. C. C. As Linguagens das reflexões. In: MAGALHÃES, M. C. C. (org.) A linguagem na formação de professores como profissionais reflexivos críticos. São Paulo: Mercado das Letras, 2004, p. 87-117.

_____. Formação Contínua de Professores: a organização crítico-colaborativa para transformação. *Linguagem: Estudos e Pesquisas*, Goiânia, v. 22, n. 2, 2018. Disponível em: https://periodicos.ufcat.edu.br/lep/article/view/57502. Acesso em: 10 jul. 2024.

MOGADOURO, C. de A. *Educomunicação e escola: o cinema como mediação possível (desafios, práticas e proposta)*. São Paulo, 2011. Tese (Doutorado) – Universidade de São Paulo, 2011.

NININ, M. O. G.; MAGALHÃES, M. C. C. A Linguagem da Colaboração Crítica no desenvolvimento da agência de professores de Ensino Médio em serviço. São Paulo: *Alfa*, v. 61, n. 03 (2017), p. 625-652. Disponível em: https://www.scielo.br/j/alfa/a/vLD9WtLMybZxMT5VcHbvnWD/abstract/?lang=pt. Acesso em: 10 jul. 2024.

PERRENOUD, P. *Dez novas competências para ensinar*. Trad. Patrícia Chittoni Ramos. Porto Alegre: Artes Médicas Sul, 2000.

REIS, G.; GONÇALVES, R. M. Base Nacional Comum de Formação de Professores da Educação Básica: dilemas, embates e pontos de vista. *Série-estudos*, Campo Grande, v. 25, n. 55 (set./dez. 2020), p. 155-180. Disponível em: https://www.serie-estudos.ucdb.br/serie-estudos/article/view/1496. Acesso em: 10 jul. 2024.

SANTELLA DE SOUSA, Sandra. *Cinema e educação: construindo possibilidades para a formação engajada de educadores*. Tese (Doutorado em Linguística Aplicada e Estudos da Linguagem) – Pontifícia Universidade Católica de São Paulo, 2024.

SOUZA, V. L. T.; PETRONI, A. P.; ANDRADA, P. C. *A Psicologia da arte e a promoção do desenvolvimento e da aprendizagem: intervenções em contextos educativos*. São Paulo: Loyola, 2016.

SOUZA, V. L. T. de; RAMOS, V. R. L.; OLIVEIRA, B. C. de; DUGNANI, L. A. C.; MEDEIROS, F. P. Emoções e práxis docentes: contribuições da Psicologia à formação continuada. *Revista Psicopedagogia*. v. 36, n. 110 (2019) p. 235-245. Disponível em: https://www.revistapsicopedagogia.com.br/detalhes/604/

emocoes-e-praxis-docente-contribuicoes-da-psicologia-a-formacao-continuada. Acesso em: 10 jul. 2024.

SMYTH, J. Teachers work and the politics of reflection. In: *América educational Research journal*, v. 29, n. 02 (1992). Disponível em: https://journals.sagepub.com/doi/10.3102/00028312029002268. Acesso em: 10 jul. 2024.

TARDIF, M. *Saberes docentes e formação profissional*. Rio de Janeiro: Vozes, 2014.

VYGOTSKY. L. S. *Pensamento e Linguagem*. Tradução Jefferson Luiz Camargo. São Paulo: Martins Fontes, ⁴2008 [1934].

WALSH, C. Lo pedagógico y lo decolonial: entrejiendo caminos. In: *Pedagogias decoloniales:* Práticas insurgente de resistir, (re)existir y (re)vivir/Tomo I. 2013.

_____. Gritos, Gretas e Semeaduras de vida: entreteceres do pedagógico e do colonial. In: SOUZA. Sueli Ribeiro Mota Souza; SANTOS, L. Costa. *Entre-linhas: educação, fenomenologia e insurgências popular.* Salvador: EDUFBA, 2019, p. 95-120.

Os memoriais e a formação reflexiva do Coordenador Pedagógico da Educação Infantil: entre o singular e o plural

Alessandra Olivieri Santos[1]
(ale.olivieri@hotmail.com)

Laurizete Ferragut Passos[2]
(laurizetefer@gmail.com)

> *[...] os memoriais de formação, como uma escrita, especialmente, narrativa (auto)biográfica, tecem a trama das experiências formativas ao longo da vida.* (Bragança, 2023, p. 5)

Introdução

A escrita (auto)biográfica, por meio dos memorias de formação nos leva a refletir a respeito do caminho de vida percorrido, das escolhas realizadas e, como aponta Bragança na epígrafe acima, as narrativas descritas nos memoriais nos ajudam a tecer a trama das nossas vidas pessoal e profissional. Tomar consciência dessa trama que constitui a nossa existência e compartilhar

---

1. Doutora em Educação: Psicologia da Educação; coordenadora pedagógica da Rede Municipal de Ensino de São Paulo.
2. Doutora em Educação; docente na Pontifícia Universidade Católica de São Paulo, nos Programas de Pós-graduação em Educação: Psicologia da Educação e Educação: Formação de Formadores.

reflexões, se constituiu no movimento vivenciado por um grupo de coordenadores pedagógicos da Educação Infantil durante o desenvolvimento de uma pesquisa que viabilizou uma experiência formadora a partir da escrita de memoriais e possibilitou identificar como essa escrita se apresenta como potencializadora da tomada de consciência desses profissionais acerca do seu papel de formador de professores.

A presença e permanência de uma escola reflexiva, como defendido nos diversos textos do presente livro, nos faz acreditar, de forma mais contundente, que os coordenadores pedagógicos são portadores de saberes e fazeres pedagógicos e culturais capazes de contribuir para a construção de uma escola reflexiva, porém essa contribuição passa pelo fortalecimento de uma formação, também reflexiva, desses formadores de professores.

Tem sido discutida a importância do coordenador pedagógico da Educação Infantil para a formação docente e para o aprimoramento das práticas pedagógicas rumo a uma escola reflexiva. No entanto, são raros os debates sobre sua formação e, de modo mais específico, sobre uma formação voltada para essa particularidade, o que nos leva a indagar: como o coordenador pedagógico se forma e como isso acontece de fato? Outras questões ainda se impõem quando se consideram as especificidades do trabalho desse profissional no âmbito da Educação Infantil: como as necessidades formativas dos coordenadores são atendidas? Em quais momentos? O coordenador apresenta condições de promover e garantir as demandas formativas do seu grupo, sendo que não há garantias de formação continuada para ele próprio?

Ao ressaltar a importância desse profissional no interior das escolas, a literatura enfatiza que ele seja um parceiro vital para a constituição de uma escola democrática, bem como o articulador, o formador, o transformador e o par avançado, como destacam Almeida e Placco (2009). A indicação de que sua formação contribui para a tomada de consciência de suas funções e ações é destacada por Souza e Placco (2017) e, pode-se acrescentar, que essa tomada de consciência é fundamental para as suas atribuições, especialmente as relacionadas à formação docente:

[...] a formação dos professores, na escola, passa necessariamente pela formação prévia e continuada do CP, de modo que ele possa tomar consciência de suas funções na escola, tornando-se capaz de identificar, nessas funções, as questões de poder que perpassam seu agir e que exigirão dele escolhas e tomadas de decisão concernentes a essas relações. (2017, p. 25)

Torna-se urgente direcionar o olhar para as necessidades formativas dos coordenadores pedagógicos pois, se estes são importantes para as instituições de ensino, sua formação deve ser vista como imprescindível não só para o seu desenvolvimento profissional, como para o desenvolvimento dos professores da Educação Infantil, o que reflete de forma primordial também no desenvolvimento integral dos bebês e das crianças, bem como de todos os atores que fazem parte da comunidade escolar, uma vez que as relações e as interações entre eles são necessárias para seu progresso.

Domingues (2014) defende que o trabalho do coordenador pedagógico como gestor dos processos formativos no século XXI deve conduzir para uma reflexão consciente sobre a contemporaneidade e suas descontinuidades, as políticas públicas e as necessidades educativas da comunidade. De modo mais específico, indica seu papel de condutor de processos reflexivos:

> [...] como gestor dos processos de formação, tem especial importância pela possibilidade de condução de uma reflexão que produza a consciência das identidades possíveis frente às descontinuidades da contemporaneidade, das determinações das políticas públicas e das necessidades educativas da comunidade (Domingues, 2014, p. 26).

Os aspectos trazidos por Domingues, na citação acima, fortalecem ainda mais a necessidade de que a reflexão aconteça dentro da escola a partir das ações formadoras do coordenador pedagógico, reforçando, assim, a necessidade de compreendermos quem forma o formador e como o coordenador pedagógico se forma para garantir a reflexividade dos professores. Muitas vezes, o coordenador pedagógico assume a coordenação da Educação Infantil sem saber o que o aguarda, sem conhecer as peculiaridades do cargo, principalmente no que concerne ao seu papel de formador de professores e, especialmente, de um formador que prepare os professores para essa formação reflexiva. Mas como essa formação deve ocorrer? Quais necessidades formativas devem ser contempladas para que o formador atue de acordo com o que os docentes precisam e/ou desejam? Investir na formação do coordenador de modo que ele tenha um espaço coletivo de formação, em que se sinta à vontade para compartilhar suas experiências e dificuldades no exercício da função se constitui num primeiro passo:

> [...] é preciso que ele, figura isolada em sua unidade escolar, tenha também um espaço coletivo e formador [...] no qual possa apresentar as dificuldades inerentes à sua nova função, partilhar angústias, refletir sobre sua prática como coordenador, trocar experiências [...]crescer profissionalmente, para poder exercer de forma plena sua função formadora [...]. (Garrido, 2015, p. 11)

Considerar o crescimento profissional do coordenador pedagógico significa compreender o seu trabalho - a coordenação pedagógica, não como uma prática unicamente técnica e burocrática, mas uma prática intelectual, conforme defende Domingues (2014, p. 17). Para a autora, essa prática se transforma ao longo do tempo, de acordo com as mudanças políticas, sociais e experienciais:

> A atuação da coordenação pedagógica, assim, passa a ser entendida não como uma atividade meramente técnica e burocrática, mas como uma prática intelectual que se modifica em decorrência do tempo histórico, das mudanças sociais e políticas e das experiências vivenciadas pelos educadores no contexto educativo. (Domingues, 2014, p. 17)

Esse entendimento reforça a importância da formação para o exercício dessa função, uma vez que, para acompanhar as transformações sociais, políticas, culturais de maneira reflexiva, o coordenador necessita aprimorar constantemente seus conhecimentos e suas reflexões e, para que isso ocorra, a tomada de consciência das transformações e consequentes mudanças sobre o espaço escolar exige conversas, trocas de experiências e conhecimentos entre os pares e, especialmente, a valorização da perspectiva do outro. Parafraseando Nóvoa (2009), ter o ponto de vista do outro oferece ao coordenador pedagógico uma perspectiva diferente de como atua. Nessa concepção, são de suma importância estudos e trocas que permitam a esse educador ter diferentes pontos de vista a respeito da sua formação e atuação, mas não é qualquer ponto de vista, não é qualquer olhar - é o olhar de seus pares que pode auxiliá-lo a se tornar consciente de seu percurso formativo.

Uma das condições para pensarmos a formação do coordenador pedagógico é considerar sua própria narrativa, suas lembranças, pois como ensina Ricouer (2007), lembrar-se é ter uma lembrança ou ir em busca dela. Nesse sentido, os memoriais de formação podem auxiliar os coordenadores a buscarem em suas memórias, em suas lembranças, o caminho formativo que atravessaram e, especialmente, o caminho que os ajudaram a tomar consciência do seu papel e da importância do seu cargo na elaboração de práticas pedagógicas mais participativas, em que eles, juntamente com os professores, possam interagir e escutar uns aos outros e, desse modo, criar um processo formativo para atender as necessidades do grupo.

A criação de espaços de formação nos leva a considerar o uso das narrativas como instrumento de formação, tendo em vista, como destaca Cunha (1997), que os programas formativos deveriam considerar o professor como sujeito de sua própria história. Utilizamos esse apontamento da autora para salientar que isso também pode ocorrer com a formação dos coordenadores pedagógicos, ou seja, se os professores devem ouvir e conhecer as histórias de bebês, crianças, adolescentes, jovens e adultos, os formadores também precisam conhecer e escutar os docentes para, então, elaborar as formações. Do mesmo modo, cabe aos formadores de coordenadores pedagógicos, ouvi-los, conhecer seus percursos, suas experiências, suas demandas formativas para que as formações sigam na direção do que cada um necessita.

Da pesquisa e dos encontros reflexivos

É nesta perspectiva que desenvolvemos uma pesquisa (auto) biográfica com o uso de memoriais de coordenadores pedagógicos e na tentativa de compreender seus processos de formação e, ainda, de como se tornaram os coordenadores que são hoje. Oliveira (2006) indica que esta perspectiva de pesquisa visa uma intencionalidade, qual seja: "[...] dar visibilidade ao trabalho da memória que, através da narrativa, articula a subjetividade e a profissionalidade na mesma história de vida e, por que não dizer, os processos de desenvolvimento da pessoa-professor" (Oliveira, 2006, p. 53).

Ao trabalharmos com os memoriais desses profissionais responsáveis pela formação dos professores em suas escolas, consideramos que este dispositivo desencadeia reflexões que nos permitem falar da escola e dos educadores que nela atuam e a partir deles. Nesse sentido, Lima, Geraldi e Geraldi (2015, p. 18) observam que "[...] *o uso das narrativas como método de investigação ou de pesquisa (aqui tratadas como sinônimos) decorre, em parte, da insatisfação com as produções no campo da educação que se caracterizaram por falar sobre a escola em vez de falar com ela e a partir dela.*"

Os quatro coordenadores pedagógicos da Educação Infantil que participaram deste estudo trabalham em diferentes unidades de Educação Infantil da Rede Municipal de São Paulo, localizadas na região sul da cidade. Três deles pertencem ao gênero feminino e um ao gênero masculino, sendo que trabalham em unidades diferentes: um em um Centro de Educação Infantil (CEI), duas em Escolas Municipais de Educação Infantil (EMEI) e uma em um Centro de Educação Municipal de Educação Infantil (CEMEI). Também há uma característica que os diferencia em relação à primeira formação: dois são formados em História, uma em Educação Física e uma em Letras e todos têm a Pedagogia como segunda graduação. Eles participaram dos encontros reflexivos inspirados no ateliê biográfico (Delory-Momberger, 2016), elaboraram a escrita do memorial de formação e narraram suas histórias de vida oralmente, além de desenharem suas árvores de formação.

Memoriais de formação: um diálogo com a literatura

Candau (2021) afirma que a memória, ao mesmo tempo que nos modela, é também por nós modelada, pois memória e identidade se conjugam, se nutrem mutuamente, se apoiam uma na outra para produzir uma trajetória de vida, uma narrativa. Isso ganha força se pensarmos que vivemos num mundo em que tudo se descarta e o que vale é o presente, o aqui e o agora. Oliveira e Reis (2013, p. 720) nos dão um alento ao pontuarem que a memória permite ouvir o passado para refletir a respeito do presente:

> [...] falar da memória parece ter se tornado uma forma especial de resistência ao descarte e ao elogio do presente como única forma de existir. Lembrar equivale, neste contexto, a escutar a voz de um tempo, de um lugar, de um sujeito, de uma vida. Ouvir este apelo do passado significa estar atento às transformações do presente.

Lembrar a voz de um tempo, como destacam as autoras, marcou a escrita dos memoriais dos coordenadores pedagógicos participantes desta pesquisa, pois, ao escrever, demonstraram a relevância de sua trajetória profissional para si mesmos e para todos os envolvidos com a Educação, comprovando ser esta "uma das áreas que mais tem lançado mão da autobiografia como instrumento de trabalho" (Lopes, 2004, p. 239) e de formação. Lopes (2004, p. 226) observa que são muitos os conceitos de memória e que ela não se separa do esquecimento:

> [...] memória é palavra que tem muitas acepções. Memória é área de estudo da psicologia, é linguagem informática. Os materiais têm memória (assim dizem os engenheiros e eu acredito); o corpo tem memória (assim dizem os fisioterapeutas e eu acredito). Memória não se separa do esquecimento, quando é de psicanálise que se trata. A memória faz parte da história e historiografia em todas as suas especialidades e com ela toda a carga de lembranças, suvenires, esquecimentos, alegrias e dores [...]. Mas memória é também relação, relato, narração.

Escrevemos aquilo que consideramos importante, trajetórias, acontecimentos que nos são caros e que nos proporcionam desenvolvimento, embora esqueçamos parte dos acontecimentos. A escrita dos memoriais pelos coordenadores criou a oportunidade para que refletissem a respeito de todo o processo formativo pelo qual passaram, desde a escolha pela profissão docente até o momento de serem coordenadores pedagógicos da Educação Infantil, o que fizeram e fazem para exercer essa função.

Pensar e repensar suas trajetórias profissionais oportunizou a reflexão do que foi e é necessário para a sua formação e para a formação dos professores com os quais trabalham. A própria legislação municipal dá destaque para essa necessidade: "[...] a formação de coordenadores pedagógicos é essencial para a multiplicação do conhecimento uma vez que cabe à coordenação pedagógica estruturar as ações cotidianas de formação continuada dentro da Unidade" (São Paulo, 2021, p. 91).

Como a escrita dos memórias levou à reflexão do percurso profissional na pesquisa aqui apresentada? Antes de explorar os dados trazidos pelos memoriais, é fundamental entendermos o que é um memorial de formação e como se tornou importante para esses coordenadores pedagógicos terem o contato com suas experiências formadoras por meio desse dispositivo.

O memorial de formação, segundo Prado e Soligo (2007), se apresenta como uma forma de narrar a nossa história de formação num determinado período, portanto, segundo eles, é "*circunstanciado e analítico*. [...] *encadeia acontecimentos relacionados à experiência de formação, à prática profissional e, também, à vida*" (p. 58).

Passeggi (2010b) ensina que o memorial como escrita de si é primeiramente uma ação de linguagem e, se a escrita não pode modificar os fatos vividos, ela pode modificar sua interpretação. A mesma pesquisadora reforça que ao "*narrar sua própria história, a pessoa procura dar sentido às suas experiências e, nesse percurso, constrói outra representação de si: reinventa-se*" (2011, p. 147). É nessa direção que Bragança (2023) considera os memoriais como obras abertas que nos convidam à leitura e à criação de novos enredos e histórias.

Focalizar a escrita do memorial de formação dos coordenadores pedagógicos tem um significado especial para os que atuam na Educação Infantil. A possibilidade de registrar seu caminho, as escolhas de novos rumos e percursos na profissão ou na prática profissional favorece o pensamento reflexivo, desencadeando, assim, não só um processo de conhecimento dos desafios enfrentados e oportunidades abraçadas em seu caminho formativo, mas, especialmente, o reconhecimento que esse processo apresenta entrelaçamento com o social, ou seja, um processo que pode reverberar na construção de uma escola reflexiva.

Ainda nessa perspectiva, André (2004) assinala que ao narrar experiências recentes ou lembranças do passado, o educador as reconstrói em um plano metacognitivo, o que dá à narrativa a perspectiva reflexiva, como já mencionado. Do mesmo modo, as experiências narradas nos memoriais tornam visível o trabalho realizado pelos coordenadores pedagógicos da Educação Infantil.

Um aspecto central abordado por Nóvoa e Finger (2014) em relação à aplicação do método biográfico na formação de formadores é a defesa de que é preciso conhecer o próprio percurso formativo para compreender o percurso do outro. Tal proposição reforça que a escrita do memorial e o seu compartilhamento pode proporcionar uma experiência enriquecedora com seus pares, seja na identificação das estratégias utilizadas nos processos formativos, seja na definição dos saberes e formações necessárias para o desempenho da função do coordenador pedagógico como formador:

> A formação de formadores tem sido um dos domínios privilegiados de aplicação do método biográfico. O motivo parece óbvio: dificilmente poderemos pretender interferir na formação dos outros, sem antes termos procurado compreender o nosso próprio processo de formação. Nesse domínio, a abordagem biográfica tem, igualmente, uma dupla utilização: por um lado, ela permite identificar as estratégias seguidas pelos formadores [...] na sua própria dinâmica de formação e na aquisição de competências

técnicas específicas à função que desempenham; por outro lado, ela facilita a definição dos saberes e das formações mais necessárias para o exercício da função de formador.

Os encontros reflexivos inspirados nos ateliês biográficos

Ter como inspiração os ateliês biográficos para a composição dos memoriais de formação foi uma maneira de permitir que as narrativas fossem construídas ao longo de um processo colaborativo em que fala e escrita caminharam juntas durante os encontros. A utilização do ateliê biográfico como guia para a elaboração dos memoriais de formação permite a socialização de trajetórias, possibilitando que outros também possam repensar seus passos e tomar consciência do seu percurso formativo.

Trata-se de um procedimento que inscreve a história de vida em uma dinâmica prospectiva que liga o passado, o presente e o futuro do sujeito, por meio de narrativas orais e escritas, com o propósito de pensar e escrever um projeto pessoal, pensando na formação continuada ao longo de sua vida profissional (Delory-Momberger, 2006).

Os ateliês biográficos como um projeto de formação devem se organizar em sete encontros e sua realização deve considerar o formato proposto pela sua idealizadora, a pesquisadora Delory-Momberger (2006).

O primeiro encontro "é um tempo de informações sobre o procedimento" (p. 366); o segundo momento corresponde à consolidação do ateliê biográfico, em que as regras de funcionamento são oficializadas; os terceiro e quarto encontros são destinados *à produção* da *primeira narrativa autobiográfica* e à sua *socialização* (p. 367). É o momento para os participantes escreverem seus percursos evocando pessoas, eventos, etapas marcantes desse percurso. O quinto encontro é o da *socialização da narrativa biográfica* (p. 367). O sexto encontro *é um tempo de síntese* (p. 367). O último encontro ocorre para que se faça um balanço desse processo formativo.

Os encontros reflexivos desenvolvidos para a produção de dados para a pesquisa aqui relatada acompanharam as fases estabelecidas por Delory-Momberger (2006), e foram inseridas estratégias que estimulavam os relatos orais e escritos dos coordenadores participantes dos encontros. Leituras como o livro *Colcha de Retalhos* da autoria de Conceil C. da Silva e Nye Ribeiro; o poema *Memória* de Carlos Drumond de Andrade e o livro *Memórias do Cárcere* de Graciliano Ramos serviram como disparadores da memória e serviram de elemento para a compreensão da necessidade do outro na construção do que era narrado. A cada encontro, retomávamos o que já havia sido falado, pensado, discutido, sempre buscando relembrar o caminho e escutar os colegas e suas observações sobre a trajetória de cada participante.

Essas estratégias foram permitindo que os coordenadores pedagógicos identificassem que a percepção e compreensão de quem somos ocorre através do outro e da relação que estabelecemos com esse outro. Isso ficou mais fortalecido com a proposta de construção das árvores de formação, em que cada um iniciaria o processo de criação de suas árvores escrevendo nomes, fatos, ideias, situações que consideravam fundamentais para a sua formação pessoal e profissional.

A construção da árvore de formação se apresentou como a síntese das memórias narradas durante os encontros. Neles, os coordenadores ficaram à vontade para falar a respeito de suas ações cotidianas, de suas experiências, desafios e conquistas, enfim, seus percursos como coordenador pedagógico da Educação Infantil.

Importante salientar o significado do diálogo em todos os momentos dos encontros e na direção de possibilitar a tomada de consciência da força desses profissionais como educadores da escola pública e como formadores de professores. Apoiados em Passos (2016), reafirmamos como as conversas, os relatos de acontecimentos e de ações, bem como as escritas permitiram tornar visíveis as práticas cotidianas e ajudaram na reflexão acerca dos caminhos de cada coordenador. A seguir, apresentamos como José, um dos coordenadores, pode refletir a respeito de si mesmo, de sua trajetória formativa e de sua visão sobre os rumos da educação e, de modo especial, do seu trabalho na Educação Infantil.

José: da universidade como abertura para o mundo aos desafios de um homem na Educação Infantil

José foi um dos quatro participantes da pesquisa, aqui escolhido pelo seu percurso formativo e, de modo especial, por ser homem, gênero pouco comum na Educação Infantil e, de igual modo, na coordenação pedagógica.

Ele sempre sonhou em ser professor. Estudou em escola pública e trabalhou desde os doze anos: *Comecei a trabalhar cedo, trabalhava em farmácia, na loja C&A quando entrei na Universidade. Até os meus vinte e cinco, quase trinta anos, eu não atuei na Educação.*

Foi com muita emoção que, no quinto encontro, José compartilhou que o divisor de águas na sua vida e futura carreira se deu com sua entrada na universidade no curso de História: *A entrada na USP foi um divisor de águas na minha vida. Todo aquele esforço de um menino que começou a trabalhar cedo e tinha que ajudar em casa... imagina entrar na universidade, era como ter ganhado na loteria.*

Porém, só após ficar desempregado, inicia seu caminho na Educação: *Fiz inscrição em uma Diretoria de Educação do Estado, me ligaram e fui para uma entrevista em uma escola particular. Enfim, naquela época eu estava desempregado com uma certa dificuldade para pagar as contas. Vou pegar essas aulas, né? Vamos ver o que acontece, sou formado e nunca tinha tido o desejo de dar aula.*

Pedagogia é sua segunda graduação, perfil de muitos coordenadores pedagógicos que trabalham na Educação Infantil na Rede Municipal de São Paulo. Em seu memorial registra, de forma assertiva, os desafios educacionais num contexto macro e considera que *a formação dos professores é o maior desafio para atingirmos a qualidade social da educação.* Já, em relação ao contexto da escola, destaca que o trabalho como coordenador é um desafio diário, pois entende que esse profissional é a *alma da escola*.

José acredita em uma Educação como uma utopia possível, sem receitas e apaixonante: *Quando eu vim para a Educação Infantil, a necessidade de se fazer ser respeitado e de entender a lógica toda do trabalho, o propósito, as crianças... Eu me encantei com aquilo, acho que a infância que eu não tive e que não pude curtir, eu meio que resgatei, fiz uma espécie de catarse nesse trabalho.*

Um ponto de destaque no memorial de José se deu quando trouxe uma reflexão a respeito da questão de gênero, pois se sente discriminado por ser um homem em uma profissão majoritariamente feminina: *As questões de gênero são reais no nosso meio, ora somos vistos com certa desconfiança tanto pelos nossos pares como pela comunidade, como se o ato de educar não fosse profissional, ou seja, o fato de ser do sexo masculino desperta preconceitos, como se o cuidar, o afeto, fossem atribuições unicamente femininas. Ora somos desqualificados por não sermos pais, quando solteiros. Ora atacados como pedófilos, gays.*

Foi no momento de sua narrativa oral que dividiu com o grupo sua concepção de educação, marcada, como se constata, por uma visão crítica e inspirada em Paulo Freire, mencionado por ele em um dos encontros:

> *Uma educação que se pretende emancipatória urge que combatamos o racismo, a discriminação, trabalhemos as relações de gênero e a educação étnico racial. As famílias nos olham enquanto educadores com certa desconfiança. Já as crianças nos acolhem num universo marcado pela presença feminina. Há uma cultura do machismo que não é apenas engendrada pelos homens. Neste sentido, avançamos aos poucos, porém é uma luta diária e que não pode ser escamoteada.*

Aborda a questão da formação do coordenador como primordial para o trabalho: *Não é só recurso, que não é só o espaço de formação.* Segundo José, o coordenador pedagógico necessita de um espaço de formação qualificado e precisa lutar para fortalecer essa formação. Entende que há recursos, mas que não garantem uma boa formação: *Professor tem que ter formação permanente e o Estado precisa garantir esses recursos, garantir a parceria com as Universidades.* Além disso, ressalta que é importante estar com os pares para que as reflexões a respeito da formação do coordenador pedagógico aconteçam e reivindica: *Precisamos de mais formação, de encontros e de mais apoio das diretorias de ensino.*

Ele finaliza seu memorial refletindo a respeito do papel da escola: *Penso a escola como um Centro de Cultura e que deve estar aberta a todos, como espaço de formação e de valorização dos saberes e das experiências.* José tem uma visão ampliada do universo escolar, uma visão que inspira e abre caminhos para a qualidade da escola da infância que tanto almejamos, uma escola em que todos possam ser o que são, possam aprender com o outro, possam viver e valorizar os saberes acumulados com a experiência.

Em complemento à escrita do memorial, José também desenhou sua árvore de formação, na qual constam palavras que representam e dão sustentação à sua trajetória (Figura 1). Ele registra a família, a escola pública, a História, o legado e os direitos como suas raízes. A família, em que a mãe é a grande inspiração, e a escola pública, a base para o conhecimento do mundo.

FIGURA 1. Árvore de Formação

Fonte: arquivo pessoal das autoras.

A copa contém palavras que representam seu engajamento por uma educação com qualidade para todos, baseada no diálogo, na escuta, na formação continuada do educador, esta tão necessária para que o coordenador pedagógico possa realizar com maestria seu papel de formador de professores, refletindo, planejando, pesquisando, estudando, transformando e ressignificando cotidianamente seu trabalho e o trabalho dos professores, tendo sempre como objetivo práticas pedagógicas voltadas para o atendimento de bebês e crianças.

As palavras que mais se destacam e que formam as raízes e dão sustentação para sua trajetória profissional são aqui sintetizadas a partir dos registros de seu memorial.

A **Escola pública** foi destacada como parte fundamental na formação de José, tanto como estudante quanto como profissional da Educação. Para ele, a escola estadual que frequentou lhe proporcionou *anos de encantamento e descobertas*. A Universidade foi um *divisor de águas* na sua existência e na sua carreira profissional. E ainda justifica aos colegas quando do compartilhamento do seu registro: *Defendo a escola pública e sei o grande desafio que ela tem em atender a todos, o quanto ela é importante como instituição do Estado democrático de direito e republicano.*

A palavra **Direitos** é representada por José pois defendeu em seu memorial que acredita na Educação como um direito de todos, o direito à aprendizagem e ao conhecimento.

Seu acesso à USP e à graduação em História justifica sua escolha pela palavra **História** e registrou que o curso foi essencial para perceber a importância de ter consciência do mundo no qual vivemos.

Já a palavra **Família** é destacada por ele em razão das dificuldades econômicas e, também, pelo incentivo que teve para estudar e por sua vontade de ajudar a família que, segundo ele, foram essenciais para que nunca desistisse dos estudos: *Adulto, trabalhando e estudando, pude ajudar melhor minha família, minha mãe.*

Legado foi a palavra trazida em relação à sua trajetória profissional. Indica os professores que foram suas referências, como Dona Albertina, a professora com quem aprendeu *as primeiras vogais, letras*. Em seu memorial registra que *assim como eles, poderá ser referência como professor para seus alunos e como coordenador pedagógico para os professores com quem trabalha.*

A leitura e o compartilhamento dos memoriais produzidos nos encontros reflexivos levaram-nos a escolher uma palavra que identificasse a trajetória do José e, assim, a palavra **Infância** pareceu melhor representar o trazido no seu memorial. Qual a razão da escolha dessa palavra? A principal está direcionada para a sua busca em ser um coordenador pedagógico da Educação Infantil sempre atento às especificidades dessa etapa da Educação Básica, às necessidades dos bebês, das crianças, dos docentes e às suas próprias. O fato de não ter vivido a infância de maneira plena, parece tê-lo inspirado a buscar a infância perdida no papel de professor dos pequenos e no papel de coordenador e com a preocupação em oferecer um atendimento adequado a bebês e crianças, valorizando, para isso, a formação continuada dos professores com quem trabalha e com base nas relações interpessoais.

Considerações finais

O processo vivenciado por esses coordenadores da Educação Infantil indicou como a produção de narrativas desencadeou reflexões, as quais se apresentaram potentes na formação desses profissionais.

As narrativas são consideradas como dispositivo que têm muito a oferecer (Goodson, 2020), seja na transformação dos sujeitos, seja na interpretação do mundo. Passeggi (2010) lembra que a narrativa em forma de memorial é uma ação de linguagem, enfatiza que se não há como modificar os acontecimentos vividos e registrados na escrita, há como se modificar a interpretação desses acontecimentos a partir dela. A pesquisadora sublinha que ao simbolizar esses acontecimentos de outra maneira, modifica-se a consciência que temos dos fatos, de nós mesmos e de nossa ação no mundo.

Justamente por isso defendemos que ao relatar oralmente e registrar suas trajetórias, os coordenadores pedagógicos puderam refazer, por meio da memória, seus caminhos, escolhas e visão de mundo e puderam refletir, de forma mais crítica, a respeito de si mesmos, do passado vivido e do que ainda planejam para o seu desenvolvimento profissional futuro.

Ao trazer no presente texto a possibilidade do uso do memorial como dispositivo de formação, saltou aos olhos a urgência de os coordenadores pedagógicos buscarem formações voltadas para o processo educacional de coordenadores pedagógicos da Educação Infantil, bem como formações que os preparem para exercer seu papel de formadores de professores no cotidiano das escolas. Por outro lado, não se pode omitir a responsabilidade dos órgãos públicos quando se considera o desenvolvimento profissional dentro do contexto de trabalho.

Os memoriais mostraram ser imprescindível o oferecimento de momentos formativos que atendam as demandas desses coordenadores, que respeitem os territórios onde as unidades escolares estão inseridas e que valorizem as experiências dos coordenadores pedagógicos em sua atuação junto aos professores.

Na finalização deste capítulo, não poderíamos deixar de destacar um dos temas trazidos pelas narrativas e considerado emergente no campo da formação dos professores: os desafios e os enfrentamentos do professor ou coordenador pedagógico do gênero masculino que atua na Educação Infantil. As reflexões trazidas por José, o coordenador pedagógico deste segmento, expõem os embates e condições vividas em sua atuação, o que indica a necessidade de pesquisas sobre o tema.

Referências

ALMEIDA, L. R.; PLACCO, V. M. N. S. O papel do coordenador pedagógico. In: *Revista Educação*. São Paulo: Segmento, ano 12, n. 142 (2009) p. 38-39. Disponível em: https://revistaensinosuperior.com.br/2011/09/10/o-papel-do-coordenador-pedagogico/. Acesso em 10 jul. 2024.

ANDRADE, C. D. *Enigma*. São Paulo: Companhia das Letras, 2012.

BRAGANÇA, I. F. S. Memoriais em contextos de formação e pesquisa: abordagens narrativas e (auto)biográficas. *Linhas Críticas*, [S. l.], v. 29, p. e47919, 2023. Disponível em: https://periodicos.unb.br/index.php/linhascriticas/article/view/47919. Acesso em: 22 jun. 2024.

ANDRÉ, M. Memorial, instrumento de investigação do processo de constituição da identidade docente. *Contrapontos*, v. 4, n. 2 (maio/ago. 2004) p. 283-292. Disponível em: https://periodicos.univali.br/index.php/rc/article/download/782/634. Acesso em: 08 jul. 2024.

CANDAU, J. *Memória e identidade*. Trad. Maria Letícia Ferreira. São Paulo: Contexto, 2021.

CUNHA, M. I. Conta-me agora! As narrativas como alternativas pedagógicas na pesquisa e no ensino. *Revista da Faculdade de Educação*. v. 23, n. 1-2 (jan./dez. 1997). Disponível em: https://www.scielo.br/j/rfe/a/ZjJLFw9jhWp6W-NhZcgQpwJn/?lang=pt. Acesso em: 08 jul. 2024.

DELORY-MOMBERGER, C. A pesquisa biográfica ou a construção compartilhada de um saber do singular. *Revista Brasileira de Pesquisa (Auto)biográfica*, v. 1, n. 1 (jan./abr. 2016) p. 133-147. Disponível em: https://www.revistas.uneb.br/index.php/rbpab/article/view/2526. Acesso em: 08 jul. 2024.

_____. Formação e socialização: os ateliês biográficos de projeto. *Educação e Pesquisa*, v. 32, n. 2 (maio/ago. 2006) p. 359-371. Disponível em: https://www.scielo.br/j/ep/a/GxgXTXCCBkYzdHzbMrbbkpM/?format=pdf&lang=pt. Acesso em: 08 jul. 2024.

DOMINGUES, I. *O coordenador pedagógico e a formação contínua do docente na escola*. São Paulo: Cortez, 2014.

GARRIDO, E. Espaço de formação continuada para o professor-coordenador. In: BRUNO, E. B. G.; ALMEIDA, L. R.; CHRISTOV, L. H. S. (org.) *O Coordenador Pedagógico e a formação docente*. São Paulo: Loyola, [13]2015, p. 9-16.

GOODSON, I. F. *Aprendizagem, currículo e política de vida: obras selecionadas de Ivor F. Goodson*. Trad. Daniela Barbosa Henriques. Petrópolis: Vozes, 2020.

LIMA, M. E. C.; GERALDI, C. M. G.; GERALDI, J. W. O trabalho com narrativas na investigação em Educação. *Educação em Revista*, v. 31, n. 1 (jan./mar. 2015) p. 17-44. Disponível em: https://www.scielo.br/j/edur/a/w7DhWzM5mB4m-ZWLB5hthLVS/?format=pdf&lang=pt. Acesso em: 08 jul. 2024.

LOPES, E. M. T. Memória e estudos autobiográficos. In: ABRAHÃO, M. H. M. B. (org.) *A aventura (auto)biográfica: teoria e empiria*. Porto Alegre: EDIPUCRS, 2004, p. 225-243.

NÓVOA, A.; FINGER, M. (org.) *O método (auto)biográfico e a formação*. Trad. Maria Nóvoa. Natal: EDUFRN, [2]2014.

NÓVOA, A. *Professores: imagens do futuro*. Lisboa: Educa, 2009.

OLIVEIRA, S. S.; REIS, S. M. Tempos de narrar... Tempos de rememorar: histórias de vida, de formação e de leitura de professoras baianas. In: SOUZA, E. C.; PASSEGGI, M. C.; VICENTINI, P. P. (org.) *Pesquisa (auto)biográfica: trajetórias de formação e profissionalização*. Curitiba: CRV, 2013, p. 71-88.

PASSEGGI, M. C. A experiência em formação. *Educação*, v. 34, n. 2 (maio/ago. 2011) p. 147-156. Disponível em: https://revistaseletronicas.pucrs.br/ojs/index.php/faced/article/view/8697. Acesso em: 09 jul. 2024.

_____. Narrar é humano! Autobiografar é um processo civilizatório. In: PASSEGGI, M. C.; SILVA, V. B. (org.) *Invenções de vida, compreensão de itinerários e alternativas de formação*. São Paulo: Cultura Acadêmica, 2010, p. 103-130.

_____. Memorial de formação. In: OLIVEIRA, D. A.; DUARTE, A. M. C.; VIEIRA, L. M. F. *DICIONÁRIO: trabalho, profissão e condição docente*. Belo Horizonte:

UFMG/Faculdade de Educação, 2010b. Disponível em: https://gestrado.net.br/wp-content/uploads/2020/08/118-1.pdf. Acesso em: 25 jul. 2022.

PASSOS, L. F. Práticas formativas em grupos colaborativos: das ações compartilhadas à construção de novas profissionalidades. In: ANDRÉ, M. (org.) *Práticas inovadoras na formação de professores*. Campinas: Papirus, 2016, p. 165-188.

PRADO, G. V. T.; SOLIGO, R. Memorial de formação: quando as memórias narram a história da formação. In: PRADO, G. V. T.; SOLIGO, R. (org.) *Porque escrever é fazer história*. Campinas: Alínea, 2007, p. 47-62.

RAMOS, G. *Memórias do cárcere*. Rio de Janeiro: Record, [53]2020.

RICOUER, P. *A memória, a história, o esquecimento*. Campinas: UNICAMP, 2007.

SÃO PAULO (SP). Secretaria Municipal de Educação. *Currículo da Cidade: Povos Migrantes*. São Paulo: SME/COPED, 2021.

SILVA, C. C.; RIBEIRO, N. *A Colcha de retalhos*. São Paulo: Editora do Brasil, 2010.

SOUZA, V. L. T.; PLACCO, V. M. N. S. Um, nenhum e cem mil: a identidade do coordenador pedagógico e as relações de poder na escola. In: PLACCO, V. M. N. S.; ALMEIDA, L. R. (org.) *O coordenador pedagógico e a legitimidade de sua atuação*. São Paulo: Loyola, 2017, p. 11-28.

A Reflexão como Mediadora da Mudança na/da Escola

Magda Machado Ribeiro Venancio[1]
(magda.venancio@equipeterrabrasil.com.br)

Vera Lucia Trevisan de Souza[2]
(vera.trevisan@uol.com.br)

Apresentação e contexto

Este capítulo tem como objetivo sustentar o processo reflexivo como mobilizador de mudanças na escola, sobretudo daquelas que exigem coragem para transformar o que está consolidado como modo de se exercer o ensino, a aprendizagem, e que caracteriza as relações escolares. Reporta à experiência de uma das autoras do capítulo, que exerce a função de diretora de uma escola da rede privada de ensino, localizada no interior de São Paulo, em cidade próxima à capital do Estado e à cidade de Campinas, que contam com Instituições consideradas referências para a educação básica e a formação de professores.

Atuando na docência em cursos de Pedagogia, no âmbito da formação inicial, ou na formação de educadores da rede pública de ensino de alguns municípios, ou ainda atuando com pesquisa em espaços educativos, temos nos deparado com os inúmeros problemas que vêm assolando a educação brasileira, muitos dos

---

1. Pós-Doutoranda do Programa de Pós-graduação em Psicologia, na Pontifícia Universidade Católica de Campinas – PUC-Campinas.
2. Doutora em Educação: Psicologia da Educação da PUC-SP. Professora da Faculdade de Psicologia e do Programa de Pós-graduação em Psicologia, na Pontifícia Universidade Católica de Campinas – PUC-Campinas.

quais agravados com o advento do recente fechamento das escolas em decorrência da pandemia da COVID-19, quando a qualidade da educação básica sofreu prejuízos e seus efeitos são notórios e sentidos no cotidiano escolar, no qual também são quase inexistentes mudanças significativas que visem sua superação. Ainda que a discutida e discutível legislação vigente, que norteia o fazer escolar, a Base Nacional Curricular Comum, BNCC, promulgada em 20 de dezembro de 2017, sugira mudanças tanto na forma quanto no conteúdo dos currículos, parece muito distante o alcance de um de seus objetivos que consiste em fazer com que as práticas escolares se voltem à educação integral dos estudantes.

Parece notória a dificuldade de mudanças das instituições de modo geral, mas custa crer que a instituição responsável, segundo muitos, por "preparar para a vida" mantenha-se tão arraigada a práticas, ousamos dizer, seculares, mesmo com as imposições e surpresas trazidas por vivências inusitadas e inesperadas durante a pandemia da Covid-19.

A educação escolar viveu, indubitavelmente, um período de crise, trazido pelo isolamento social e suas consequências. Crise e consequências que em maior ou menor escala atingiram a humanidade. Todos nos defrontamos abruptamente com o inesperado e com a falta de recursos internos e externos para vivenciá-la. O conceito de crise é significativo para que se entenda o desenvolvimento, na visão de Vygotsky (1995), que a entende como saltos no desenvolvimento do sujeito, e decorre do fato de o sujeito não dispor das ferramentas necessárias para responder ao que o meio social lhe requisita, ou seja, a crise enquanto momento de desestruturação para uma nova estruturação, porque o autor tem em sua base a concepção de desenvolvimento enquanto revolução (Vygotsky, 1931/1995; Souza, Arinelli, 2019).

Acreditamos ser possível derivar esta ideia de crise para pensar o vivido pelas instituições escolares. Elas foram extremamente afetadas por uma crise, a qual ainda se processa, seja nas aprendizagens de conteúdo, nas dimensões volitiva e axiológica do indivíduo ou nas interações.

No período da pandemia, em que a escola, objeto do relato que aqui se inscreve, ainda utilizava material didático de determinado sistema de ensino, e nela evidenciou-se e ganhou contorno, de certo modo descomunal, a preocupação das famílias com o cumprimento dos conteúdos programáticos, manifestada em forma de cobranças e questionamentos constantes. Se, por um lado, tal fato intrigou os educadores que questionavam o reducionismo do sentido da educação escolar para as famílias, por outro, aqueles passaram a viver também grande incômodo, ao observar o extremo cansaço e a crescente falta de envolvimento por parte dos estudantes, particularmente, nos dos anos finais do Ensino Fundamental. Estava configurada, naquele momento, a necessidade de mudar a escola e, como gestora do projeto pedagógico, vislumbrava o desafio de pensar formas de envolver a todos na reflexão sobre a necessidade da mudança e de como fazê-la.

Gestão Pedagógica: reflexão, ação e transformação

Nos últimos anos, especialmente a partir da promulgação da Lei de Diretrizes e Bases da Educação Nacional, em 1996, a importância da atuação dos gestores escolares para a aprendizagem de boa qualidade e para o desenvolvimento integral do aluno – crianças, adolescentes, jovens ou adultos – tem ocupado lugar de destaque para pesquisadores e estudiosos da Educação.

Há muitos anos e por prolongado período, era a voz do diretor escolar que ecoava no direcionamento e ordenamento das ações e do ambiente escolar. Atualmente, em virtude das significativas mudanças sociais, econômicas, culturais e políticas advindas da globalização e de seus fenômenos, acredita-se não ser esse o melhor modo de gerir um ambiente, de fato, educativo, em especial quando se tem como regime político a democracia. Na legislação educacional em vigor no Brasil, menciona-se tal dimensão das ações educativas frequentemente.

A Constituição Federal de 1988 e a Lei de Diretrizes e Base da Educação Nacional, de 1996, são explícitas no que diz respeito ao direcionamento democrático que a educação nacional deve ter. A partir delas, podemos dimensionar igualmente a importância da atuação da gestão escolar como balizadora desse fundamento nas ações escolares e nas suas próprias ações e decisões.

Os que vivenciam o cotidiano escolar no que se chama "chão da escola" sentem e, não raras vezes, se surpreendem e se assustam com o labirinto de interações, relações e emoções que o permeia. Lá está a escola viva, a que revela sua proposta, sua intenção e sua verdadeira identidade. Aí está, a meu ver, o grande desafio da gestão: perceber e refletir como incorporar tal complexidade nos processos de aprendizagem da comunidade escolar. Mencionamos a aprendizagem da comunidade por acreditarmos que qualquer processo educativo se dá pelas relações que promove, portanto envolve não apenas estudantes e professores, mas também pais e mães.

Entre outras atribuições, cabe à gestão escolar criar as inovações que possibilitem mobilizar a comunidade estudantil e docente para que a aprendizagem siga com crescente qualidade. Muitos têm sido os caminhos e as estratégias utilizadas nessa busca, a maioria envolvendo recursos tecnológicos.

Puxando os fios dos episódios recentes pelos quais passamos nos últimos anos, particularmente desde 2018, ficou a certeza da necessidade de inovar o ambiente legalmente e socialmente reconhecido para a aprendizagem de crianças e jovens: a escola. Não é mais possível, de acordo com Tardif e Lessard (2014), ignorar que vivemos em uma época na qual a expressiva grande fatia da sociedade humana é escolarizada. Fica assim estabelecida a real dimensão da instituição escolar como instância formadora dos valores, das atitudes e das escolhas que permeiam a vida social. Essas considerações estiveram na base de um intenso trabalho da gestão da escola para envolver a comunidade nos processos de mudança.

Diversas possibilidades foram aventadas, pensando em favorecer as aprendizagens e a convivência. Entretanto, as alternativas, quando imaginadas a médio ou longo prazo, mais pareciam remediativas ou remendos. Não correspondiam ao que tínhamos como ideal e lutar para alcançá-lo passou a ser primordial. Pesava decidir a amplitude da mudança que certamente envolveria o risco de poder manter a Escola aberta, visto sermos escola privada e, em recentíssimo passado, por conta do isolamento social, termos enfrentado severa crise financeira.

Um caminho foi observar com apuro todos os setores da Escola: instalações, materiais escolares, ações pedagógicas, avaliações, tarefas, atividades, formação de professores, reuniões e atendimentos aos pais, horários de intervalos, leituras propostas e tudo o mais que pudesse falar/revelar a própria Escola.

Acessamos acentuadas contradições que justificaram mais profundamente a opção por radical transformação, antevista como processo que demandaria investimento profissional e pessoal, não apenas de quem o iniciaria, mas gradativamente de todos os que em certa medida dele participassem. Vislumbramos uma escola que de fato fizesse sentido e trouxesse, aos adolescentes, vivências de caráter democrático, concomitantemente às aprendizagens acadêmicas. Não acreditávamos que mais computadores ou qualquer outro investimento que não fosse nos seres humanos poderiam propiciar benefícios. A grande inovação seria a transformação da instituição, cujo compromisso deveria ser o desenvolvimento integral dos que ali passam parte fundamental de suas vidas.

A gestão assumiu então o compromisso, pessoal e profissional de uma escola reflexiva que, ao perceber suas contradições, inicia o processo de integrar a comunidade escolar em reflexões permanentes, sobretudo a equipe pedagógica como um todo e a equipe gestora em particular. Seguem abaixo as etapas do processo ainda e, quiçá, permanentemente em andamento.

A educação escolar, as aprendizagens e o desenvolvimento humano

Ao longo de sua história, a educação escolar procura, em certa medida, atender às necessidades e às demandas da época em que transcorre. No entanto, durante os anos finais do século XIX e ao longo do século XX, com os avanços das Ciências, da tecnologia e das consequências oriundas das crescentes exigências do capitalismo e a acentuada pressão do neoliberalismo, acreditamos que a essência do processo educativo, o desenvolvimento humano, como um todo, se perdeu.

A tão discutida, alterada, e direcionada a atender determinados interesses, Base Nacional Comum Curricular, BNCC, em seu processo de aprovação, já explicita e ao mesmo tempo embute propósitos outros que não o de promover aprendizagens para o desenvolvimento humano. Desenvolvimento entendido, segundo Vygotsky (2007), como processo de interação entre os homens, destes com a cultura e as condições materiais da existência.

O que ocorre no estado de São Paulo, nos últimos anos e em especial nesses dois anos anteriores, revela essa distorção. Distorção que, progressiva e acentuadamente, adentra as escolas com as mais variadas medidas e encaminhamentos. Ocorrem-nos três: a relativa à presença dos profissionais da psicologia contratados de empresa terceirizada e não por concurso, como determina a lei, a plataforma com slides destinada à formação continuada dos docentes, da rede pública, tornada de acompanhamento obrigatório, mesmo que os slides disponibilizados não contemplem a área de conhecimento do professor; e a lamentável criação das escolas cívico-militares, em nosso entendimento, a decretação da falência da educação escolar como desenvolvimento humano. Ao contrário, a legalização da escola para a ditadura.

A rede privada, por sua vez, abriga, em seus meandros, interesses que se distanciam do que entendemos como educação escolar. Ao ter como meta educativa, em pleno século XXI, ainda o vestibular, fica-nos a constatação que os interesses de mercado têm mais peso que o interesse pelo humano. Ficam assim relegados os aspectos constitutivos do processo de humanização e cidadania. Com os historicamente recentes episódios de cunho político partidário, que envolvem seríssimas questões éticas, morais e, ousamos afirmar, cognitivas, não se pode abandonar a ideia e o ideal de transformação do homem e da sociedade tão presentes, entre tantos outros, em Vygotsky (2004) e Freire (2013).

Parece-nos que, por motivos diversos, não são muitos os dispostos a encarar o desafio ou, no nosso entendimento, a responsabilidade (Arendt, 2011) de introduzir no mundo os recém-chegados. As crianças chegam, cada vez mais cedo, aos ambientes escolares. Nesses, transcorre tempo significativo de suas infâncias e adolescências. As horas de permanência nos ambientes escolares, pelas profundas mudanças e exigências socioculturais e econômicas, são muitas. Ao contrário de décadas anteriores, as escolas privadas oferecem inclusive programas de férias. Senão por outras razões, apenas pela questão tempo de permanência nas escolas, a mobilização por aprendizagens que intencionalmente potencializem o desenvolvimento humano em suas múltiplas dimensões deveria ser o comprometimento das instituições educativas, privadas ou públicas, e de seus integrantes. Temos acompanhado, porém, o distanciamento ou até mesmo a ignorância a esse preceito.

Não vimos, até hoje, nos exames nacionais e internacionais dirigidos à educação básica, nada que minimamente se ocupe ou preocupe com isso. Exames, diga-se de passagem, cuja metodologia, aplicação, resultados e, acima de tudo, análises nos intrigam. Nossas reflexões não têm a intenção de avaliar e ou qualificar a validade de tais estratégias, muito embora, tenhamos sérios argumentos que os questionem. O momento não é este. Importa-nos, refletir sobre os encaminhamentos e escolhas que norteiam o cotidiano escolar rumo ao revolucionário processo de aprendizagem e desenvolvimento (Souza, Arinelli, 2019; Vygotsky, 2003). Desenvolvimento, no caso, sob a perspectiva da psicologia histórico-cultural, que atribui papel de relevo à instituição escolar, aos professores e ao ambiente como fator fundamental para que ocorra.

Quisemos, até aqui, demonstrar a relevância de pensarmos soluções para uma equação: a relação entre a escola e a constituição humana. Não nos restam dúvidas que insistir em velhas práticas não responde aos novos desafios. Desafios, na atualidade, expressivos e em certa medida determinantes para o desenvolvimento individual e coletivo.

A relação entre a escola e a constituição humana

Necessário se torna elucidar e compreender, mesmo que brevemente, que, para Vygotsky (2007), somos seres históricos e sociais. Carregamos em nós o percurso da trajetória humana, das relações, interações e condições materiais que permeiam nosso caminho. Sem essa compreensão, será árdua a tarefa de considerar válidas as angústias que culminaram nessa proposta de transformação da escola. Digo isso, pois foram as particularidades de um momento histórico e social que nos proporcionaram a coragem para tal. Creditamos, todavia, como fundamentais, os pressupostos de Vygotsky (1995, 2003, 2004, 2007) e a intensa produção do grupo PROSPED[3], calcada no materialismo-dialético, o sustentáculo teórico dos questionamentos rumo à transformação pretendida. Portanto, não seria viável transformar a Escola, sem que a comunidade escolar passasse pelo processo.

Já não era mais possível ignorar as contradições entre as nossas intenções e as ações pedagógicas: notas de provas confundidas com aprendizagens ou a falta dela, material de sistema apostilado e a perda de autonomia do trabalho docente, priorizar o cumprir conteúdos, em detrimento de priorizar o senso crítico, o distanciamento entre a aprendizagem escolar e o mundo que nos rodeia, o afastamento de questões polêmicas versus os questionamentos de valores ou dogmas, entre tantas outras.

Sabemos que, como seres sociais, na contemporaneidade, estão também na escola aspectos fundamentais da nossa humanidade e da nossa cidadania. Como continuar com a mesma proposta de trabalho quando as adversidades dos últimos anos se avolumavam? Não nos referimos apenas ao período pandêmico e suas consequências, mas também ao momento político no qual foram evidenciados os piores aspectos da ignorância e da distorção de valores.

Na visão de Vygotsky (2007) e demais estudiosos e pesquisadores da mesma perspectiva, um lugar não é apenas o espaço no

---

3. O Grupo de Pesquisa "Processos de Constituição do Sujeito em Práticas Educativas" é vinculado ao PPG em Psicologia da PUCCAMP-SP e ao CNPq, e coordenado pela Profª Drª Vera Lúcia Trevisan de Souza.

qual transcorrem as atividades da vida diária; mais que isso: é ambiente, ou seja, espaço permeado de valores, interações, emoções e símbolos da cultura humana, em suma, referenciais da e para a nossa humanidade.

Importa ressaltar o movimento dinâmico e dialético do processo de constituição humana. Somos ao mesmo tempo produto e produtoras da nossa cultura e dentro do que é possível, no sistema em que vivemos, das nossas condições de vida. Nessa situação, ganha destaque imaginar: como poderíamos interferir no espaço escolar para que se tornasse ambiente promotor de humanidade? De convivência inspiradora de valores e de olhares para si e para os outros? De verdadeiros anseios e interesse pelo conhecimento? Almejamos estudantes e professores pensadores, autores das complexas elaborações que os levem ao senso crítico, a argumentações consistentes e a atitudes social e individualmente responsáveis e de espírito democrático.

Recorremos mais uma vez ao pressuposto de Vygotsky (2007) sobre o ambiente escolar e sua intencionalidade como o propulsor da transformação das funções psicológicas elementares em Funções Psicológicas Superiores, voluntárias. Essas, potencialmente responsáveis pelo desenvolvimento integral do que denominamos seres humanos. Funções nas quais estão amalgamadas as diversas dimensões da nossa humanidade: cognição, afeto, valores e espiritualidade.

Estão claramente descritas, na Lei de Diretrizes e Bases da Educação Nacional, promulgada em 1996, as atribuições de diretores e coordenadores escolares. De certa maneira, mais do que complementares, parece-nos que essas funções são entremeadas o interdependentes, se considerarmos as atribuições de caráter eminentemente pedagógico. Acreditamos, diga-se de passagem, que nas escolas tudo deveria ser pensado por esse viés.

As pesquisas desenvolvidas por diversos estudiosos entre elas, a de Placco, Almeida e Souza (2011) e a de Callas, Aranha e Placco (2020) dimensionam a relevância dessas atuações profissionais para a qualidade dos processos que ocorrem nas escolas. Processos que abrangem e repercutem na comunidade escolar como um todo e que, em especial, em relação aos estudantes e professores, poderão ser de interferência prolongada, até mesmo ao longo da vida.

A documentação pedagógica como alicerce da práxis da Escola em transformação: uma etapa do processo

A BNCC, diretriz normativa da educação escolar no Brasil (2018), traz como orientação, em sua introdução, o uso da Metodologia de Projetos, contudo não a apresenta em sua complexidade e tampouco o faz conceitualmente. Há no Brasil, notoriamente, resistências e subterfúgios para que o atendimento às leis não se dê de modo a serem cumpridas. Cito novamente como exemplo as soluções encontradas pelo estado de São Paulo para acomodar as leis referentes à educação escolar, e o que as envolvem, aos seus interesses; soluções, parece-nos, muito distantes da educação como sinônimo de desenvolvimento e de direito humano.

Rompido o contrato com o sistema de ensino que nos fornecia o material apostilado, não sem muito desgaste e com a colaboração das assessoras para que os custos exorbitantes não fossem cobrados após a parceria de vinte anos, nos dedicamos a preparar a documentação necessária ao mesmo tempo em que se processava específica qualificação docente para a Pedagogia de Projetos. Não aprofundaremos a definição sobre a Pedagogia de Projetos, pois não é esse o foco deste capítulo. Entretanto, importa, neste momento, explicitar que se trata de trabalho transdisciplinar, em que, ao mesmo tempo que se ocupa dos conhecimentos formais, o faz igualmente com o que ocorre no mundo fora da escola, e traz para seu interior os interesses e vivências de crianças e adolescentes.

A preocupação inicial foi elaborar documentos que não fossem, como se diz popularmente, "letras mortas". Como é de conhecimento, muitos são os documentos, chamados de Documentação Pedagógica, necessários para nortear o trabalho escolar e abranger as ações que cotidianamente fazem a escola. Pensando na transformação proposta, era fundamental articular a documentação exigida externamente pela Diretoria Regional de Ensino, o Regimento Escolar e o Projeto Político Pedagógico, este último de entrega não obrigatória pelas escolas privadas, mas cujo pedido foi atendido, à documentação interna mais focada: Plano de Ensino, Projetos e Planos de aulas, no caso, Planos dos Encontros Pedagógicos.

O Regimento Escolar é considerado o documento orientador e regulamentador das ações e relações escolares. Podemos compará-lo à Constituição. Deve ser elaborado contemplando a legislação vigente e o Projeto Político Pedagógico do qual é oriundo. Foram esses os documentos foco das ações iniciais. Por estarmos no período de isolamento social e conscientes da amplitude das alterações que direcionariam, os disponibilizamos virtualmente, para que a equipe participasse da elaboração, especialmente, do Projeto Político Pedagógico, pois todos os demais documentos e decisões de caráter pedagógico estariam a ele atrelados.

Mais do que atender às orientações oficiais a respeito da documentação escolar exigida, interessou-nos garantir o compromisso da equipe com a transformação. A participação não se deu como o esperado; após receber o apoio dos que há anos reclamavam do material do sistema de ensino, em especial por dois motivos: conteúdos pouco explorados e respostas erradas no material do professor, percebemos que, para a maioria dos professores, participar daquele processo era, no momento, mais um fardo a ser carregado.

As alegações para a não contribuição giraram em torno do excesso de trabalho e das condições adversas na vida profissional e pessoal em consequência da Pandemia. Alegações inegáveis; no entanto, também promotoras de algumas indagações: seriam tais argumentos reveladores da pouca valorização das possíveis colaborações ou manifestação da dificuldade em se comprometer com o processo que se iniciava? Cogitamos, ainda, que a dimensão das transformações explicitadas na documentação em elaboração, mais do que surpresa, tenha se transformado em susto, pois acarretaria não apenas mudanças de condução pedagógica, mas, na mesma proporção, uma nova maneira de encarar o processo educativo escolar e o papel do professor. Exigiria de todos, inclusive da equipe gestora, uma reconsideração dos que fazem a escola acontecer: estudantes, professores, equipe diretiva, secretaria e o pessoal de apoio. Seria preciso atrelar forma e conteúdo.

Aprovada a documentação requerida, mais um passo tornava-se essencial: articular com a equipe pedagógica, coordenadores e professores, o que se considera a função principal da escola: o processo ensino-aprendizagem. Processo que torna imperativo um planejamento detalhado entrelaçando não somente os componentes curriculares e objetos de conhecimento, conteúdos, mas seus encaminhamentos para atender a nova proposta de trabalho.

A liderança da equipe pedagógica e o propósito da vida escolar

Embora o Projeto Político Pedagógico e o Regimento Escolar sejam os documentos principais das escolas, são os documentos pedagógicos do dia a dia os de grande relevância para que se coloque em prática o que, no Projeto Político Pedagógico e no Regimento, são o ideal. As ações cotidianas são as que expressam e concretizam tal ideal.

Assim como diz o ditado: "uma andorinha só não faz verão", as escolas não são feitas apenas pela equipe gestora. Pelo contrário, sabemos quão importante e significativa para que a escola tenha sentido é a função do professor. Na Pedagogia de Projetos, é indispensável que esse se considere um mediador do conhecimento, aquele que, segundo Vygotsky (2007), encaminha seus estudantes, por meio de ações, estratégias e recursos intencionalmente escolhidos, rumo às aprendizagens e à consequente passagem das funções psicológicas elementares às funções psicológicas superiores, voluntárias e autorreguladas. Dimensiona-se assim o destaque da atuação e das intenções dessa função, tendo em vista o que entendemos por desenvolvimento integral.

Conforme foram sendo colocadas nos Planos de Trabalho, mescla de planos de ensino e de aulas, os objetos de conhecimento – conteúdos –, as habilidades, as intenções pedagógicas e as estratégias para que o processo ensino-aprendizagem transcorresse conforme o tema do Projeto, percebemos que o acompanhamento do planejamento e das atividades docentes precisaria ser intenso, colaborativo e constante. Saltou aos olhos da equipe como um todo a dificuldade em abandonar o antigo paradigma baseado na transmissão e na figura do professor. Destarte a formação ao longo do ano de 2021, com assessoria especializada, um trabalho que entremeasse teoria, prática e reflexão tornou-se urgente.

A equipe pedagógica de liderança resolveu, então, participar semanalmente das orientações para a elaboração dos planos, além de acompanhar presencialmente as atividades nos espaços em que ocorressem. As atividades não são circunscritas aos ambientes fechados. Todos os espaços da Escola são considerados espaços de aprendizagem e há forte incentivo para que sejam aproveitados. Diante disso, para que se maximizassem as chances de transformações ocorrerem de modo menos traumático para os professores, denominados tutores, e menos dispendioso para a instituição, alteramos os tempos, os espaços e a sistemática das reuniões de planejamento contínuo.

Tivemos, em Freire (1999), a inspiração para tomar essas decisões, visto que, para ele, diálogo e ação são requeridos como fundamentos de uma educação libertadora. Nossas ações com os tutores deveriam ser calcadas nesse princípio, posto que nós, equipe que liderava a mudança, seríamos partícipes do processo de construção desses tutores. Ponderamos que um novo modo de orientar e mediar o processo de aprimoramento docente deveria partir de nós.

Manter a coerência com a transformação que queríamos implantar, na qual a integração entre os Componentes Curriculares seria ao mesmo tempo imperativo e destaque, motivou-nos a integrar teoria, prática e reflexão aos processos pensados pelos tutores, além da decisão de nos integrarmos de maneira mais próxima e efetiva. Em termos práticos, passamos a realizar semanalmente, às segundas-feiras, encontros de duas horas, nos quais, diante das intenções docentes, consensualmente organizaríamos os planos de trabalho.

Nessas ocasiões semanais, tornou-se possível amarrar aspectos teóricos sobre aprendizagem, a dimensão do mediador para a ocorrência da transformação das práticas e dos encaminhamentos didáticos-pedagógicos, com reflexões prévias e baseadas nas práticas anteriores. Percebemos que pensar sobre o que poderia ser a partir do que já foi fazia sentido para eles. Passou a fazer sentido para nós também, pois percebemos crescente confiança, ao mencionarem suas reflexões sobre o que consideraram deu certo ou não, no que poderia ter sido, caso alguns pequenos cuidados fossem previamente ponderados. Importou, na mesma medida, reforçar como intenção e ação os valores da convivência e da cidadania como parte do plano de trabalho. O Plano é divulgado semanalmente às segundas-feiras para estudantes e famílias.

A divulgação do Plano para as famílias foi a estratégia pensada para que o trabalho escolar pudesse ser acompanhado enquanto se realiza. Trabalhar sem material apostilado pode dar a impressão de trabalho solto, sem intencionalidade, planejamento e seriedade; no entanto, ocorre o oposto: exige, além de conhecimento e autoria, dedicação e empenho. Desde que foi decidido que os pais e ou mães receberiam os Planos, os questionamentos sobre o trabalho praticamente deixaram de existir.

Ao longo desse processo de transformação, ainda em curso, ocupou-nos seriamente um aspecto que se tem como de extrema significação nas escolas: a avaliação. Normal e majoritariamente tido como aplicação de provas, com destaque nos calendários e nas rotinas escolares. Nossas observações e cuidados com o processo de aprendizagem não requeriam provas. Contudo, sabíamos do significado delas para a comunidade em geral, não apenas a escolar. Como as famílias veriam uma escola sem provas, durante certo período, tomou minha atenção.

Estudando e conversando com pessoas de variadas vertentes pedagógicas, encontramos, na própria Pedagogia de Projetos, aquilo que adotaríamos como acompanhamento das aprendizagens na Escola. Adotamos para tal o termo Evidências de Aprendizagem, poderoso indicador para refletirmos se as estratégias, dinâmicas e recursos contribuem para as conquistas das aprendizagens propostas pela equipe pedagógica. Enviamos, nos meses de abril e em setembro, em versão enxuta, o que denominamos Painel de Aprendizagens e Conquistas, PAC; em junho e dezembro, estudantes e famílias recebem versão mais pormenorizada. Além do PAC, cada estudante responde a uma autoavaliação, retomada posteriormente para análise conjunta com o tutor responsável; nesse momento, também são elaboradas em conjunto propostas para redirecionamentos importantes para que ocorram as aprendizagens.

Temos observado que colocar os estudantes como participantes privilegiados de seus processos de aprendizagem e não mais como repositórios dos conhecimentos dos professores, favorece sua dedicação e, embora mais lentamente, a autopercepção e a autorregulação. A participação destes nos encontros entre seus familiares ou responsáveis e os tutores atribuiu-lhes destaque, como deveria ser, no modo como encaram suas responsabilidades escolares. Propiciou inclusive maior entrosamento entre tutores e estudantes.

As dificuldades e desafios no processo de mudar

Ao analisar o processo de mudança ainda em andamento, muitos foram, como se pode ver acima, as conquistas e os passos dados em direção às transformações pretendidas. Revelaram-se, não obstante, dificuldades, de certo modo recorrentes. A mais relevante e explícita é a dificuldade da adesão de alguns professores ao processo. O trabalho com material de sistemas de ensino possibilita menos dedicação ao preparo das aulas, em nosso caso, encontros pedagógicos, tendo em vista ser material previamente preparado e orientado quanto à sua aplicação. Muitos sequer percebem que são cerceados da possibilidade de autoria, dimensão preponderante da autonomia. Autonomia, no caso, entendida como liberdade de escolher o percurso de sua mediação, entendida, ainda e principalmente, como oportunidade de colocar sua imaginação, conhecimentos e valores na atividade profissional que exerce.

Alguns professores durante esses poucos anos de transformação nos pediram para sair, alguns inclusive com o semestre em andamento. Professores que, inicialmente, mostraram-se entusiasmados com a possibilidade de exercer trabalho mais autoral, perceberam que precisariam alterar radicalmente seu fazer docente. Alguns, em meses letivos, outros, ao final do ano letivo, alegaram que a magnitude do processo em andamento mereceria disponibilidade e comprometimento que, na época, não tinham condições de assumir. Todavia, as atitudes e ações pedagógicas já indicavam certas dificuldades em relação ao direcionamento assumido pela Escola que requeria algo muito distante do que tiveram na graduação e na vivência profissional.

Situação semelhante enfrentamos com algumas famílias. Surge ainda como grande preocupação a questão da aprovação nos vestibulares. Impera o discurso do ensino forte. Ignoram-se as mudanças das políticas públicas e dos encaminhamentos das universidades particulares para a admissão ao ensino superior. Permanece, nessa questão, certa visão anacrônica e distorcida: a escola a serviço de algo distante, a escola como preparo para algo a ser atingido.

Revelam-se, assim, dois desafios, acreditamos que recorrentes, levando em conta a rotatividade periódica de professores e famílias: a formação continuada no interior da Escola, na qual estejam presentes mais do que os aspectos práticos e burocráticos, as reflexões sobre a teoria que norteia e direciona o fazer escolar, relacionando-a às práticas e aos objetivos pedagógicos do desenvolvimento integral; no que se refere às famílias, reiteramos e reforçamos a intenção de diálogo e esclarecimento.

Cabe à gestão pedagógica encaminhar essas e tantas outras questões relevantes no cotidiano escolar. Questões que, sem o olhar apurado para a complexidade da trama das relações e interações que determinam e interferem no cotidiano da Escola, não propiciam as reflexões indispensáveis ao enfrentamento dos desafios inerentes e inevitáveis ao dinamismo e à indispensável vivacidade do sentido da escola.

Referências

ARANHA, E. G.; CALLAS, D. G.; PLACCO, V. M. N. S. *O papel do diretor como articulador da equipe gestora escolar e a formação de educadores para as necessidades da escola na atualidade*. Revista @mbienteeducação, São Paulo, v. 13,

n. 3 (2020) p. 275-295. DOI: 10.26843/v13.n3.2020.968.p. 275-295. Disponível em: https://publicacoes.unicid.edu.br/ambienteeducacao/article/view/968. Acesso em: 1 jul. 2024.

ARENDT, Hannah. *A crise da Educação. Entre o passado e o futuro.* São Paulo: Perspectiva, [7]2011.

BRASIL. [Constituição (1988)]. *Constituição da República Federativa do Brasil de 1988.* Brasília, DF: Presidência da República, 2016.

_____. *Lei de Diretrizes e Bases da Educação Nacional,* LDB. 9394/1996.

_____. Ministério da Educação. *Base Nacional Comum Curricular.* Brasília: MEC, 2018.

FREIRE, Paulo. *Educação como Prática de Liberdade.* Rio de Janeiro: Paz e Terra, [44]1999.

_____. *Pedagogia do Oprimido.* Rio de Janeiro: Paz e Terra, [67]2013.

PLACCO, V. M. N. S.; ALMEIDA, L. R. de; SOUZA, V. L. T. de. *O coordenador pedagógico (CP) e a formação de professores: intenções, tensões e contradições.* Estudos e Pesquisas Educacionais, v. 2 (2011) p. 227-287. Disponível em: https://www.uece.br/wp-content/uploads/sites/58/2014/03/GPED-Coordenador-pedagogico-ESPECIALIZA%C3%87%C3%83O.pdf. Acesso em: 10 jul. 2024.

SOUZA, V. L. T.; ARINELLI, G. S. A dimensão revolucionária do desenvolvimento e o papel da imaginação. *Obutchénie. Revista De Didática E Psicologia Pedagógica,* 3(2) (2019) p. 1-22. Disponível em: https://seer.ufu.br/index.php/Obutchenie/article/view/51560. Acesso em 08 jul. 2024.

TARDIF, Maurice e LESSARD, Claude. *O trabalho docente: Elementos para uma teoria da docência como profissão de interações humanas.* Petrópolis: Vozes, [9]2014.

VYGOTSKY, L. S. *Teoria e método em psicologia.* Tradução de C. Berliner. São Paulo: Martins Fontes, 2004. (Textos originais de 1924 -1934).

_____. *A Formação Social da Mente.* São Paulo: Martins Fontes, 2007.

_____. *Pensamento e linguagem.* São Paulo: Martins Fontes, [3]2003.

_____. *Obras Escogidas Tomo III: Historia del Desarrollo de las Funciones Psíquicas Superiores.* Madri: Visor, 1995 [1931].

O Coordenador Pedagógico atuando na Formação de Professores Reflexivos: relato de uma Partilha de Saberes

Antonio Carlos Caruso Ronca[1]
(accronca@gmail.com)
Fátima Cristina Durante Lazarotto[2]
(fcdurante@gmail.com)
Priscila Gabriela Costa[3]
(prigacosta82@gmail.com)

Neste lugar de encontro, não há ignorantes absolutos, nem sábios absolutos: há homens que, em comunhão, buscam saber mais.
(Paulo Freire, 2023, p. 112)

Estamos num novo tempo! Cada vez mais, a maior parte dos países do mundo ocidental se depara com profundas e contínuas transformações que afetam a vida de todos os seres humanos e, para nós, educadores, exigem que se repense as funções da educação básica, como nos lembra Alarcão (2001, p. 11):

---

1. Professor Doutor da Pontifícia Universidade Católica de São Paulo – PUC-SP.
2. Doutoranda do Programa de Pós-graduação em Educação: Psicologia da Educação, da Pontifícia Universidade Católica de São Paulo – PUC-SP, e Professora do Ensino Fundamental I.
3. Doutoranda do Programa de Pós-graduação em Educação: Psicologia da Educação, da Pontifícia Universidade Católica de São Paulo – PUC-SP, e Coordenadora Pedagógica do Ensino Fundamental I.

Desejamos uma escola reflexiva, concebida como uma organização que continuamente se pensa a si própria, na sua missão social e na sua organização, e confronta-se com o desenrolar da sua atividade em um processo heurístico simultaneamente avaliativo e formativo.

Nesse processo, não se pode confundir as transformações que envolvem o todo da sociedade com algumas mudanças episódicas e setoriais que ocorreram em diferentes momentos da história.

Nos últimos 50 anos, assistimos a mudanças estruturais que permitem afirmar a existência do que alguns autores (Castells, 2023; Fuchs, 2022; Schiller, 1999; Silveira, 2021) denominam de capitalismo digital, de modo que o desenvolvimento do conhecimento permite um avanço tecnológico como nunca detectamos em toda a história. Esse fato traz inúmeras consequências para o conjunto das relações pessoais ou sociais presentes nessa sociedade, que se tornam cada vez mais complexas e mais dependentes da digitalização.

Essa questão relaciona-se diretamente com a temática do avanço tecnológico na medida em que, enquanto educadores, deveremos decidir sobre como incorporar tal avanço no processo de formação de crianças e jovens na educação básica, de tal forma que também ocorra uma consistente reflexão sobre a onipresença da tecnologia em nossas vidas e não reduzamos a questão da tecnologia na escola da educação básica apenas ao uso de algumas ferramentas, computadores ou até mesmo as estratégias de ensino.

No entanto, ao lado de um progresso tecnológico cada vez mais presente em nossas vidas, identificamos a permanência de graves indicadores de extrema desigualdade em muitos países. Essa injusta situação impede que muitos seres humanos possam ter uma vida digna e, em muitos locais, afasta-os de terem acesso a uma cidadania plena de direitos.

Além disso, não conseguimos controlar as condições climáticas de forma a impedir a explosão de graves acidentes com a perda de milhares de vidas e com prejuízos cada vez maiores. Todos os países do mundo estão sofrendo, e muito, com as profundas alterações climáticas que, em determinados episódios, contribuem decisivamente para o aumento da miséria e da fome. A camada mais pobre da população é muito mais afetada nessas circunstâncias em função das condições materiais em que vivem.

Para concluir esta rápida síntese sobre os grandes desafios da sociedade atual, deve-se citar a importante realidade do racismo, das questões de gênero e de todas as discriminações que afetam principalmente as mulheres no seu cotidiano.

Nesse contexto social altamente tecnológico, em que surgem novas formas de dominação, uma pergunta fundamental emerge: como podemos construir uma escola reflexiva, que reflita sobre si mesma e sobre a sociedade em que está inserida, identifique os seus problemas, desenvolva projetos a partir desses problemas e apresente processos de formação continuada para que seus professores também sejam professores reflexivos?

Na base da escola reflexiva, está o conceito de consciência crítica tal como proposto por Paulo Freire em toda a sua obra, desde o lançamento, em 1965, do livro *Educação como prática da liberdade*, em que, ao apresentar o conceito de relações que o ser humano desenvolve com o mundo, observa que o homem é um ser de relações e não apenas de contatos.

> Nas relações que o homem estabelece com o mundo há, por isso mesmo uma pluralidade na própria singularidade. E há também uma nota presente de criticidade. A captação que faz dos dados objetivos da sua realidade, como dos laços que prendem um dado a outro, é naturalmente crítica, por isso reflexiva e não reflexa, como seria na esfera dos contatos (Freire, 1967, p. 18).

É importante observar que a consciência crítica, base de uma escola reflexiva, não é um produto que de repente se faz pronto, mas é fruto do trabalho coletivo dos professores e da coordenação pedagógica, que procuram escapar da acomodação e tornam-se sujeitos, na medida em que olham para a sua prática, refletem sobre ela e, dessa forma, entram na práxis buscando alterar essa realidade. Esse movimento permanente acarreta uma transformação, tanto do coordenador pedagógico como dos professores e da própria escola, pois, por meio do diálogo coletivo entre teoria, prática e reflexão, vai se constituindo a identidade de professores e coordenadores pedagógicos enquanto profissionais reflexivos e, construindo-se, dessa forma, uma escola reflexiva.

Esse movimento acima descrito também estará presente na sala de aula, na medida em que os professores que buscam ser reflexivos, no delineamento didático de suas aulas, incentivarão o desenvolvimento da consciência crítica nos alunos, atuando como mediadores entre o conhecimento historicamente acumulado e a estrutura cognitiva dos seus alunos, incentivando o pensamento e a reflexão por meio de perguntas.

O professor reflexivo

Paulo Freire, ao refletir sobre sua trajetória como professor, relata uma descoberta reveladora: "ensinando, descobri que era capaz de ensinar e que gostava muito disso. [...] Aprendi como ensinar na medida em que mais amava ensinar e mais estudava a respeito" (Freire, 2022, p. 51-52). Este relato, permeado de sutileza, beleza e profundidade, evidencia a intrínseca ligação entre o ato de ensinar e a autoconsciência do professor como sujeito autor, reflexivo e responsável por sua prática pedagógica.

Refletir sobre seu fazer cotidiano e olhar sua trajetória com criticidade permite ao professor desenvolver uma compreensão mais profunda de si, dos seus alunos e das complexidades do contexto escolar, não se limitando a ser um transmissor de conteúdo ou um aplicador de métodos de aprendizagem. Esse processo reflexivo possibilita uma prática pedagógica mais informada e eficaz, fortalecendo sua identidade profissional e aprimorando suas habilidades pedagógicas.

O professor reflexivo surge como forma de superação do modelo de ensino centrado na técnica, que limitava o professor a um tecnocrata que replicava modelos e técnicas. Donald Schön (1997, 2000) foi um dos primeiros autores com maior destaque na propagação do conceito de reflexão. Ele inspirou toda uma geração de pesquisadores brasileiros a propor, também para os professores, um novo modelo de formação profissional, baseado na reflexão sobre a prática. Sua teoria de prática reflexiva para a formação de um profissional reflexivo divide-se em três ideias centrais: o *conhecer na ação*, a *reflexão na ação* e a *reflexão sobre a reflexão na ação*. Conhecer na ação refere-se ao conjunto de saberes adquiridos por meio de atividades ou experiências práticas que são exercitadas de forma espontânea. É a capacidade de realização de uma ação, como andar de bicicleta ou pegar uma bola, cuja execução não depende de um pensamento reflexivo. De acordo com Schön (2000, p. 42), a primeira questão relacionada com esse tipo de conhecimento é que "o ato ordinário de conhecer-na-ação pode ser uma aplicação do conhecimento profissional baseado em pesquisa ensinado nas escolas, pode ser sobreposto a ele ou pode não ter nada a ver com ele".

Uma segunda questão trazida pelo autor é que "[...] profissionais competentes, muitas vezes, têm a capacidade de gerar um novo processo de conhecer-na-ação, por meio da reflexão-na-ação desenvolvida em determinadas zonas da prática" (Schön, 2000, p. 42).

A reflexão na ação ocorre durante a execução de uma atividade; é baseada no conhecimento implícito e na experiência do profissional, que, diante de um resultado inesperado, consegue refletir e ressignificar sua ação e criar estratégias que a potencializem. A reflexão na ação também permite ao professor lidar de forma mais flexível com os desafios decorrentes da complexidade da sua prática pedagógica. De acordo com Schön (1997, p. 82), "a reflexão-na-acção exige do professor uma capacidade de individualizar, isto é, de prestar atenção a um aluno, mesmo numa turma de trinta, tendo a noção do seu grau de compreensão e das suas dificuldades".

A reflexão sobre a reflexão na ação representa uma atividade cognitiva que ocorre após a realização da prática pedagógica. É o momento em que o professor faz uma análise reflexiva sobre sua ação, sobre o seu processo de ensino e a forma como se deu aprendizagem dos alunos. Esse momento é essencial no processo de autoformação do professor, em que ele pode aplicar estratégias de compreensão, de reconstrução da sua prática e de reestruturação de sua ação.

A reflexão sobre a reflexão na ação permite a reflexão sobre ações passadas e pode se projetar no futuro como novas práticas. Esse movimento geralmente acontece após a aula e leva o professor a desenvolver novos raciocínios, novas formas de pensar, de compreender.

> [...] é possível olhar retrospectivamente e reflectir sobre a reflexão-na-acção. Após a aula, o professor pode pensar no que aconteceu, no que observou, no significado que lhe deu e na eventual adopção de outros sentidos. Reflectir sobre a reflexão-na-acção é uma acção, uma observação e uma descrição, que exige o uso de palavras (Schön, 1997, p. 83).

Gómez (1997) enfatiza que a reflexão sobre a reflexão na ação supõe um processo de autoanálise vital para desencadear mudanças e promover a qualidade do ensino nas escolas.

A ausência de processo reflexivo na prática pedagógica do professor empobrece seu conhecimento prático e deixa-o insensível às transformações e intervenções que o seu fazer cotidiano exige:

> [...] quando a prática, pela usura do tempo, se torna repetitiva e rotineira e o *conhecimento-na-acção* é cada vez mais tático, inconsciente e mecânico, o profissional corre o risco de reproduzir automaticamente a sua aparente competência prática e de perder valiosas oportunidades de aprendizagem pela *reflexão na e sobre a acção*. Desta forma, o seu conhecimento prático vai-se fossilizando e repetindo, aplicando indiferentemente os mesmos esquemas a situações cada vez menos semelhantes. Fica incapacitado de entabular o diálogo criativo com a complexa situação real. Empobrece-se o seu pensamento e a sua intervenção torna-se rígida. Progressivamente, torna-se insensível a peculiaridades dos fenômenos que não se encaixam nas categorias do seu empobrecido pensamento prático e cometerá erros que nem sequer conseguirá detectar (Gómez, 1997, p. 105-106, grifos do autor).

As propostas de Schön sobre o professor reflexivo tiveram relativa aceitação entre os professores brasileiros, principalmente nos anos finais de 1980 e na década de 1990. Entretanto, como afirma Alarcão (2011), o paradigma do professor reflexivo desencadeou diversas reações críticas, ofuscando tanto as suas potencialidades quanto os seus problemas. Segundo a autora, os motivos para tais críticas residem na dificuldade em implementar as propostas no cotidiano das escolas brasileiras, além das expectativas que atribuíam à prática reflexiva a solução para todos os problemas educacionais, comprometendo a compreensão do seu conceito primordial. Assim, a autora defende a concepção reflexiva da prática pedagógica, mas dentro de um conceito mais abrangente, que envolva reflexões coletivas e acentue o trabalho colaborativo docente.

Dessa forma, a principal crítica de Alarcão (2011) ao conceito de professor reflexivo de Schön reside na ênfase excessiva na reflexão individual, em detrimento de uma reflexão mais ampla e contextualizada sobre as estruturas sociais e políticas que influenciam a prática educativa. Segundo a autora, o modelo de reflexão proposto desconsidera as dimensões coletivas e sistêmicas da educação, podendo levar a uma visão simplista e individualista de um paradigma que tem muitas potencialidades.

Para Alarcão, o professor reflexivo possui consciência de sua identidade, do lugar que ocupa na sociedade e dos motivos que o impulsionam a agir.

> A noção de professor reflexivo baseia-se na consciência da capacidade de pensamento e reflexão que caracteriza o ser humano como criativo e não como mero reprodutor de ideias e práticas que lhe são exteriores. É central, nesta conceptualização, a noção do profissional como uma pessoa que, nas situações profissionais, tantas vezes incertas e imprevistas, atua de forma inteligente e flexível, situada e reativa (Alarcão, 2011, p. 44).

Constam desse conceito não apenas as experiências individuais dos professores, mas também os contextos sociais, políticos e culturais nos quais estão inseridos, pois "o professor não pode agir isoladamente na sua escola. É neste local, o seu local de trabalho, que ele, com os outros, seus colegas, constrói a profissionalidade docente" (Alarcão, 2011, p. 47).

O coordenador pedagógico e a escola reflexiva: um relato prático

Formar professores reflexivos implica ajudá-los a compreender suas práticas e a agir sobre elas; a interrogarem-se sobre elas e sobre as razões que os levam a agir de determinada forma; a problematizar as situações educativas; a procurar soluções para os problemas que vão encontrando e aprender com a própria experiência. É um processo contínuo de análise crítica da prática que não se limita apenas à técnica de ensino, mas também inclui considerações sobre o contexto educacional, as necessidades dos alunos, as relações interpessoais e as questões éticas e sociais que permeiam nossa sociedade e a prática docente.

Ainda, segundo Alarcão (1996, p. 177),

> [...] o conceito de professor reflexivo não se esgota no imediato da sua acção docente. Ser professor implica saber quem sou, as razões pelas quais faço, o que faço e consciencializar-me do lugar que ocupo na sociedade. Numa perspectiva de promoção do estatuto da profissão docente, os professores têm de ser agentes ativos do seu próprio desenvolvimento e funcionamento das escolas com organização ao serviço do grande projeto social que é a formação dos educandos.

A escola reflexiva, portanto, é aquela que busca promover o desenvolvimento e a aprendizagem de seus atores – professores, alunos e gestores – de uma maneira reflexiva. O coordenador pedagógico desempenha, dessa forma, um papel importante na promoção de uma cultura reflexiva na escola por meio de ações realizadas de maneira intencional.

O coordenador contribui para uma escola reflexiva a partir do momento em que ele próprio demonstra uma atitude reflexiva na sua prática profissional e incentiva outros atores da escola a fazerem o mesmo.

Ele pode criar espaços de reflexão em reuniões pedagógicas e grupos de estudos para que os professores tenham a oportunidade de refletir sobre a sua prática, compartilhando e discutindo experiências, ideias e recursos. Discutiremos, neste capítulo, um exemplo desse tipo de espaço de reflexão que denominamos Partilha de Saberes.

Fornecer momentos de *feedback* construtivos e reflexivos sobre o desenvolvimento profissional do professor e orientações de estratégias de ensino-aprendizagem também é um papel importante do coordenador pedagógico na formação do professor reflexivo. Para que isso aconteça, é fundamental o acompanhamento das aulas ministradas pelos professores. A observação das aulas dos professores pode ser feita pensando em três etapas: o antes, o durante e o depois dessa observação.

1. Antes de ir para a sala de aula, o coordenador planeja o que vai observar e, para tanto, acessa o planejamento proposto pelo professor para a semana e escolhe o conteúdo e a atividade que será realizada com os alunos. Nesse momento, é fundamental que o coordenador pedagógico busque um foco para a observação e em seguida, organize alguns materiais para a observação.
2. O coordenador assiste a aula e, durante esse momento, faz anotações e registros. Observa os alunos trabalhando e procura entender como estão pensando para desenvolver as atividades.
3. Depois da observação da aula, é o momento da devolutiva ao professor, que consiste em discutir a aula, com o apoio da planilha de observação. Nesse momento, as estratégias da aula são retomadas e acontece uma conversa sobre o conteúdo trabalhado, os procedimentos utilizados e a organização dos alunos. São levantadas as evidências da aula e os aspectos de melhoria, seguidos de orientações e sugestões.

O coordenador pedagógico pode, ainda, colaborar com os professores na análise reflexiva de dados e resultados de aprendizagem, por meio das avaliações formativas, ajudando-os a identificar e planejar ajustes de acordo com as necessidades dos alunos e do grupo.

A partir dessas e outras práticas, o coordenador pedagógico contribui para a promoção de uma cultura reflexiva na escola, fornecendo suporte, orientação e liderança para colaborar, incentivar e formar um professor reflexivo. Dentre as possíveis práticas apresentadas acima, escolhemos uma que pode contribuir para a formação do professor reflexivo: a *Partilha de Saberes*, que tem sido realizada em diferentes escolas de Ensino Fundamental da cidade de São Paulo.

A Partilha de Saberes como proposta de uma prática reflexiva

A Partilha de Saberes tem como objetivo criar espaços de reflexão sobre o fazer cotidiano do professor em sala de aula. É inspirada na concepção freireana de formação de professores, segundo a qual "o momento fundamental é o da reflexão crítica sobre a prática". Este momento possibilita aos professores um espaço para reavaliar e aprimorar seu fazer cotidiano. Segundo Freire (2021, p. 40), "é pensando criticamente a prática de hoje ou de ontem que se pode melhorar a próxima prática".

A formação continuada do educador, de acordo com o conceito de educação dialógica de Freire e na qual se baseia a proposta que aqui delineamos, deve ser um processo coletivo comprometido com o respeito e com a partilha, fundamentados na relação dialógica.

Saul, Saul e Voltas (2021, p. 638) enfatizam que a abordagem dialógica é regida por princípios éticos, políticos e epistemológicos. Éticos, porque reconhecem o respeito aos diferentes saberes; políticos, porque visam a transformação da realidade; e epistemológicos, porque são construtores de novos conhecimentos.

> O diálogo freireano implica uma partilha de saberes. É condição para a construção de conhecimento, porque, na situação dialógica, a comunicação entre os sujeitos, que estão dialogando, problematiza o objeto de conhecimento, questionando, criticando, avaliando, trazendo novos aportes de informação, enfim, ampliando as dimensões do que é possível saber sobre o objeto a ser conhecido/reconhecido (Saul; Saul, 2013, p. 112).

Nesse contexto da escola reflexiva que almejamos construir, levando em conta a formação continuada do professor, pautada pela abordagem dialógica, delineamos a nossa proposta da Partilha de Saberes organizada em três momentos, como descreveremos a seguir.

Primeiro momento da Partilha de Saberes:
a reflexão sobre a ação e sobre a reflexão na ação

Em um primeiro momento, o professor vai realizar uma reflexão sobre a ação e sobre a reflexão na ação (Schön, 1997, 2000; Gómez, 1997), fazendo uma reconstrução mental retrospectiva de suas práticas para conseguir descrevê-las, analisá-las e avaliá-las. Dessa forma, pode selecionar atividades, estratégias ou situações exitosas que melhor representem o processo de ensino-aprendizagem. O produto dessa seleção é um portfólio[4] entregue à coordenação pedagógica, nele, o professor descreve sua prática de maneira consciente e elabora uma sequência didática.

Retomamos aqui a ideia original de Schön sobre o professor reflexivo (1997, 2000) porque, nesse momento de investigação e reflexão sobre a sua ação, tal definição aproxima-se de Paulo Freire (2021, p. 39-40) quando este afirma que "a prática docente crítica, implicante do pensar certo, envolve o movimento dinâmico, dialético entre o fazer e o pensar sobre o fazer", de forma que o professor volta-se sobre si mesmo de modo autônomo e individual.

Segundo momento da Partilha de Saberes:
a definição dos temas geradores

A coordenação pedagógica, ao receber o material desenvolvido pelos professores, faz um levantamento por áreas de conhecimento. Em seguida, de acordo com as práticas compartilhadas

---

4. "Portfólio é um conjunto coerente de documentação refletidamente selecionada, significativamente comentada e sistematicamente organizada e contextualizada no tempo, reveladora do percurso profissional" (Alarcão, 2011, p. 60).

pelos professores, faz-se um levantamento de temas geradores. Em nossa proposta de formação de professores reflexivos, os temas são elencados em conjunto por coordenadores e professores a partir das relações que se estabelecem entre a prática descrita e o seu caráter investigativo sobre a realidade ou o objeto de conhecimento. Para Paulo Freire (2023, p. 130), os temas são nomeados como geradores, porque possuem em si a potencialidade de gerar novas investigações: "qualquer que seja a natureza de sua compreensão, como a ação por eles provocada, contém em si a possibilidade de desdobrar-se em outros tantos temas que, por sua vez, provocam novas tarefas que devem ser cumpridas". Assim, a apropriação que fazemos da nomenclatura freireana justifica-se por seu caráter reflexivo, que busca associar os conhecimentos compartilhados pelos professores às práticas pedagógicas que envolvem a realidade de cada sala de aula, partindo do dia a dia de cada professor.

Definidos os temas geradores em conjunto com a equipe de professores, a coordenação pedagógica organiza as sessões de partilha de acordo com pontos de contato entre as práticas apresentadas.

FIGURA 1. Partilha de Saberes

Fonte: informações elaboradas pelos autores com imagem criada pela Inteligência Artificial, aplicativo *Adobe Firefly* (2024).

Terceiro momento da Partilha de Saberes: momento de reflexão coletiva

Se, no primeiro momento da Partilha de Saberes, a reflexão do professor se dá de forma particular, em um diálogo consigo próprio e com sua prática, neste terceiro momento, a reflexão é ampliada para a troca e a partilha com os demais participantes, a comunidade educativa do contexto escolar. São organizados momentos de formação durante as reuniões pedagógicas, em que os professores são convidados a partilhar suas práticas escolhidas em um diálogo com os outros.

Alarcão enfatiza a importância da reflexividade coletiva nos momentos em que a escola oferece oportunidades de compartilhar as práticas exitosas entre os professores.

O professor não pode agir isoladamente na sua escola. É neste local, o seu local de trabalho, que ele, com os outros, seus colegas, constrói a profissionalidade docente. Mas se a vida dos professores tem o seu contexto próprio, a escola, esta tem de ser organizada de modo a criar condições de reflexividade individuais e coletivas. Vou mais longe. A escola tem de pensar a si própria, na sua missão e no modo como se organiza para a cumprir. Tem, também ela, de ser reflexiva (Alarcão, 2011, p. 47).

Para ilustrar este terceiro momento da Partilha de Saberes, apresentamos, a seguir, os depoimentos de professores participantes e de uma coordenadora pedagógica sobre suas impressões e o impacto que a reflexão coletiva tem na comunidade escolar.

Depoimento 1: professora

Para mim, a partilha de saberes funcionou como uma grandiosa oportunidade de trocas de experiências, de vivências, de pensar outras possibilidades que antes eu não havia pensado. Por já saber previamente que esse momento de partilha iria acontecer, durante o ano inteiro, fiz uma avaliação constante de meu trabalho para poder elencar práticas exitosas para a apresentação.

Dessa forma, na minha concepção, a partilha de saberes gerou uma dupla função: a de autoavaliação constante da prática, à medida que refleti sobre ela, selecionando o que deu certo; e a de autoformação, à medida que partilhei meus saberes e adquiri conhecimento das experiências advindas de meus pares. Neste caso, o que mais me foi valioso e significativo foi poder aprender de um modo diferente, muitas vezes até melhor, e aprimorar a prática de algo que fez e faz parte do meu cotidiano (Professora do 1º ano – Tainá Marella).

Depoimento 2: professora
Acredito que o autoestudo é uma das maneiras mais transformadoras e promotoras de desenvolvimento. Por isso, pessoalmente, considero o trabalho de revisitar extremamente importante. O ato de olhar e selecionar, entre meus planejamentos, uma prática que tenha sido exitosa já trouxe a reflexão e a categorização dos tipos de atividades que realizei e das demandas da minha turma daquele ano. Depois de escolher uma, tive a possibilidade de reviver o que foi feito, organizar de forma que outras professoras também possam acessar a proposta e, o que considero importante, participar da discussão que aquela apresentação fomentou. Nessa ocasião, foi como se a minha prática tivesse sido expandida em tamanho e importância, com sugestões, ideias, reflexões e desdobramentos que, sozinha, possivelmente eu não teria feito (Professora do 2º ano – Mariana Pires Vasconcellos).

Depoimento 3: coordenadora
Como coordenadora, ao entrar nas salas para assistir as aulas, fico encantada com a potência do grupo e os saberes experienciais que cada professora intencionalmente aplica em suas práticas. A Partilha de Saberes, como estratégia formativa, é um exercício apurado de olhar e ouvir os pares, multiplicar saberes e legitimar os educadores. O que fica de mais bonito, depois de assistir as apresentações, é reconhecer as pequenas coisas extraordinárias, desprovidas de efeitos especiais, que cada professor realiza no cotidiano de sua sala de aula (Coordenadora pedagógica – Bianca Sabbag).

A partir dos depoimentos citados, testemunhamos a abertura ao outro de que nos fala Paulo Freire: "Viver a abertura respeitosa aos outros e, de quando em vez, de acordo com o momento, tomar a própria prática de abertura ao outro como objeto da reflexão crítica deveria fazer parte da aventura docente" (Freire, 2021, p. 133).

Dessa forma, a Partilha de Saberes além de configurar-se uma importante estratégia de formação de professores reflexivos e competentes, cria um espaço de diálogo que extrapola a sala de aula, tornando o ambiente escolar estimulante das trocas e reflexões.

Considerações finais

A escola reflexiva, fundamentalmente, exige um pensar sobre si mesma e sobre a sociedade em que ela existe. Para que este pensar seja crítico, deverá ir desvelando níveis de totalidade cada vez mais abrangentes. Ou seja, qualquer objeto, evento ou acontecimento social é parte de um todo. Por exemplo, para que se possa entender a enorme sedução que os aplicativos tecnológicos exercem sobre crianças, adolescentes e até mesmo adultos, é indispensável que se desvelem as variáveis sociais, políticas e econômicas que justificam a sua existência.

No dia a dia do trabalho do Coordenador Pedagógico, a análise de contextos cada vez mais amplos ajudará, e muito, para que o educador não cometa equívocos e que as soluções educativas adotadas no enfrentamento de determinadas dificuldades possam ter sucesso.

Da mesma forma, para que se tenha uma visão adequada dos atos de racismo que por vezes acontecem em nossas escolas, é necessário que o coletivo dos educadores analise este fenômeno no contexto das injustas desigualdades que ainda estão presentes na totalidade dos países do mundo. Não será o racismo a base, o fundamento, das demais desigualdades? E, além disso, o nível de totalidade, propiciado pela análise da História, ajudará a entender como se deu o processo de estruturação das práticas racistas em nossa sociedade durante mais de trezentos anos de escravidão e como tais práticas estão presentes na educação básica, às vezes até na educação infantil!

Assim, ao olhar para a realidade na qual estamos imersos e nos colocarmos na busca da compreensão da totalidade, vamos identificar realidades mais e menos abrangentes. Nesse processo, a reflexão coletiva que acontecerá nos mais diferentes níveis, será elemento indispensável para que a escola se torne uma escola reflexiva. Às vezes, o coletivo se restringirá à equipe de gestão, em outras ocasiões exigirá a presença do conjunto de professores. E poderá ocorrer momentos com os funcionários ou até mesmo com os alunos.

Além disso, é importante ressaltar ainda que na concepção reflexiva da prática pedagógica coletiva, faz-se necessária a articulação entre professores reflexivos, escola reflexiva e formação continuada de professores. Ou seja, a escola reflexiva existe na medida em que professores e equipe de gestão voltam-se também para o estudo do pensamento teórico que será indispensável para o exercício da práxis. Sem a teoria, a reflexão ficará prejudicada e haverá alta probabilidade de que a prática docente assuma um caráter tecnicista mecanicista.

Nesse sentido, a busca da construção de uma escola reflexiva se desenvolverá em conjunto com momentos de estudos e de reflexão coletiva, que tenham por base o projeto de formação continuada do professor. E nesse aspecto, no que diz respeito à construção da proposta curricular, especial ênfase será dada pelo Coordenador Pedagógica à organização do trabalho com os professores, na definição do que Bruner (1969) denomina de estrutura da matéria e que consiste no conjunto de conceitos e princípios mais abrangentes em determinada disciplina ou área do conhecimento. Ou seja, há uma pergunta básica sobre essa questão: quais são os conceitos e princípios que, por sua abrangência, têm o maior poder de inclusão e que são estruturantes na aprendizagem de uma determinada disciplina? Esta é uma pergunta que deverá ser respondida pelos professores e coordenação pedagógica, no processo de elaboração do arranjo curricular e também na formação continuada propiciada pela escola.

Nessa perspectiva, o processo de formação, ao lado de momentos de reflexão das diversas equipes de uma escola sobre a prática do cotidiano, deve também estar voltado para a compreensão das relações entre escola e sociedade e para o estudo de contribuições teóricas educacionais específicas que possam auxiliar a atividade do professor em sala de aula.

Referências

ALARCÃO, I. Ser professor reflexivo. In: ALARCÃO, I. (org.) et al. *Formação reflexiva de professores: estratégias de supervisão*. Porto: Porto Editora, 1996.

_____. Introdução. In: ALARCÃO, I. (org.) *Escola reflexiva e nova racionalidade*. Porto Alegre: Artmed, 2001.

_____. *Professores reflexivos em uma escola reflexiva*. São Paulo: Cortez, [8]2011.

BRUNER, J. *O processo da educação*. São Paulo: Companhia Editora Nacional, [5]1975.

CASTELLS, M. *A galáxia da Internet: reflexões sobre a Internet, negócios e a sociedade*. Rio de Janeiro: Zahar, 2023.

FREIRE, P. *Educação como prática da liberdade*. Rio de Janeiro: Paz e Terra, 1967.

_____. *Pedagogia da autonomia: saberes necessários à prática educativa*. Rio de Janeiro: Paz e Terra, 2021.

_____. *Medo e ousadia*. Rio de Janeiro: Paz e Terra, 2022.

_____. *Pedagogia do oprimido*. Rio de Janeiro: Paz e Terra, 2023.

FUCHS, C. *Digital capitalism: media, communication and society*. Park Square, Milton Park, Abingdon: Routledge, 2022.

GÓMEZ, A. P. O pensamento prático do professor – A formação do professor como profissional reflexivo. In: NÓVOA, A. (org.) *Os professores e a sua formação*. Lisboa: Nova Enciclopédia, 1997.

SAUL, A. M.; SAUL, A. Mudar é difícil, mas é possível e urgente: um novo sentido para o Projeto Político-Pedagógico da escola. *Revista Teias*, Rio de Janeiro, v. 14, n. 33 (2013) p. 102-120. Disponível em: https://www.e-publicacoes.uerj.br/revistateias/article/view/24367. Acesso em: 06 jun. 2024.

SAUL, A. M.; SAUL, A.; VOLTAS, F. C. Q. A política e a prática da gestão do currículo em São Paulo: ensinamentos de Paulo Freire à frente da Secretaria Municipal de Educação (1989-1991). *Revista Brasileira de Política e Administração Educacional*, Goiânia, v. 37, n. 2 (2021) p. 028-052. Disponível em: https://seer.ufrgs.br/index.php/rbpae/article/view/113183. Acesso em: 08 jul. 2024.

SCHILLER, D. *Digital capitalism: networking the global market system*. Cambridge, Massachusetts: MIT Press, 1999.

SCHÖN, D. A. A formar professores como profissionais reflexivos. In: NÓVOA, A. (org.) *Os professores e a sua formação*. Lisboa: Publicações Quixote, [3]1997, p. 77-91.

_____. *Educando o profissional reflexivo: um novo design para o ensino e a aprendizagem.* Porto Alegre: Artmed, 2000.

SILVEIRA, S. A. Capitalismo digital. *Revista Ciências do Trabalho,* n. 20, São Paulo, out. 2021. Disponível em: https://rct.dieese.org.br/index.php/rct/article/view/286. Acesso em: 08 jul. 2024.

A Escola Reflexiva como Instrumento de Resistência: a Força do Coletivo de Profissionais do Ensino Médio da Cidade de São Paulo

Lisandra Paes[1]
(lisandra.paes@gmail.com)

Há, atualmente, um grande interesse social, principalmente no meio educacional, sobre as possíveis ações reflexivas realizadas na instituição escola, e sua importância no movimento de formação continuada dos professores. Além disso, alardeia-se, em todos os espaços educativos, o fato de que quanto mais se investir na formação em serviço, mais próximo se estará do ideal da escola reflexiva como lócus de formação.

A busca por essa escola reflexiva, enquanto instituição que pensa em si própria, compreende sua missão social e confronta-se cotidianamente com suas atividades, de forma que sejam formativas, está interligada à demanda por uma sociedade mais equânime e justa, na qual os cidadãos sejam críticos e transformadores de suas realidades. Também tem a ver com as novas profissionalidades docentes, com a mudança nos conceitos de educação e com a evolução da compreensão sobre os processos de aprendizagem. Alarcão (2001) explica que:

---

1. Mestre em Educação pela Pontifícia Universidade Católica - PUC/SP, no Programa de Mestrado Profissional de Formação de Formadores (2018). Coordenadora pedagógica da Rede Municipal de Ensino de São Paulo, atualmente na Divisão de Ensino Fundamental e Médio (DIEFEM) da Secretaria Municipal de Educação.

[...] a escola que se pensa e se avalia em seu projeto educativo é uma organização aprendente que qualifica não apenas os que nela estudam, mas também os que nela ensinam ou apoiam estes e aqueles. É uma escola que gera conhecimento sobre si própria como escola específica e, desse modo, contribui para o conhecimento da instituição chamada escola. (Alarcão, 2001, p. 15)

Não são raros os exemplos de instituições escolares que, à luz de sua própria história, apresentam processos de formação únicos, que reverberam na reflexividade desejada e fomentam a cada ano a consolidação de uma rede formativa e colaborativa no interior daquela escola. Neste texto, farei referência a um desses casos ímpares.

Presente na Rede Municipal de Educação do município de São Paulo, desde os idos da década de 1960, o Ensino Médio é um exemplo do movimento reflexivo possível nas instituições escolares, do seu poder de resistência e sua contribuição à constituição identitária dos profissionais que nele atuam. O mesmo pode ser dito em relação ao curso Normal de nível médio, existente na mesma rede, desde a década de 1980.

Abordar a permanência de ambos na Rede Municipal pressupõe trazer à tona dados históricos que, quando vivenciados pelos sujeitos, assumem um papel na constituição identitária desses personagens, além da fazer parte da sua própria constituição profissional. São histórias que se entrelaçam, e assumem uma subjetividade ímpar. Dubar (2005; 2009) afirma que a constituição identitária dos sujeitos, assim como a construção das subjetividades, assumem diferentes trajetórias, e trarei alguns de seus apontamentos ao longo do texto.

A Lei de Diretrizes e Bases da Educação Nacional (LDB), Lei nº 9.394/96, quando homologada, definiu em seu texto as responsabilidades dos municípios, estados e da União frente às diferentes etapas da Educação Básica. Nessa definição, coube ao município a responsabilidade sobre a Educação Infantil, e aos Estados a responsabilidade quanto ao Ensino Médio, sendo o Ensino Fundamental uma responsabilidade compartilhada. Isso ocasionou que alguns municípios que possuíam o Ensino Médio permanecessem apenas com as escolas que já existiam, e outros transferissem para a rede estadual os estudantes dessa etapa. De toda forma, não foram abertas novas escolas municipais com oferta de Ensino Médio, devido à determinação legal:

> Art. 10. Os Estados incumbir-se-ão de:
> [...] VI - assegurar o ensino fundamental e oferecer, com prioridade, o ensino médio a todos que o demandarem, respeitado o disposto no art. 38 desta Lei;
>
> Art. 11. Os Municípios incumbir-se-ão de:
> V - oferecer a educação infantil em creches e pré-escolas, e, com prioridade, o ensino fundamental, permitida a atuação em outros níveis de ensino somente quando estiverem atendidas plenamente as necessidades de sua área de competência e com recursos acima dos percentuais mínimos vinculados pela Constituição Federal à manutenção e desenvolvimento do ensino.
>
> Parágrafo único. Os Municípios poderão optar, ainda, por se integrar ao sistema estadual de ensino ou compor com ele um sistema único de educação básica. (Brasil, 1996)

Especificamente no município de São Paulo, à época, existiam oito escolas com oferta do Ensino Médio (anteriormente denominado 2º Grau), que foram mantidas, apesar da legislação. Nelas eram ofertados o Ensino Fundamental e o Ensino Médio, além do Normal de nível médio, em algumas delas.

A redação do artigo 62 da LDB, porém, ocasionou a descontinuidade do curso Normal de nível médio na maioria das instituições escolares, ao menos no Estado de São Paulo.

> Art. 62 - A formação de docentes para atuar na educação básica far-se-á em nível superior, em curso de licenciatura, de graduação plena, em universidades e institutos superiores de educação, admitida, como formação mínima para o exercício do magistério

na educação infantil e nas quatro primeiras séries do ensino fundamental, a oferecida em nível médio, na modalidade Normal[2].

Esse artigo provocou, nos sistemas educacionais, a busca por professores que fossem licenciados para a docência, assim como a interrupção da oferta dos cursos normais de nível médio. Moreira (2022) menciona, em seu texto, o histórico de oferta e manutenção desse curso nas escolas municipais, com oferta do Secundário (Ensino Médio) no município:

> O município de São Paulo mantém atualmente 08 escolas que ofertam o Ensino Médio e outras escolas como: EMPSG Professor Lineu Prestes; EMPSG Darcy Ribeiro; EMPSG Oswaldo Aranha Bandeira de Melo que também ofereceram por um período o Curso Magistério, no entanto, a oferta foi interrompida por decisão da gestão da rede municipal no início da década de 2000. (Moreira, 2022, p. 92)

A história da escola como constituinte dos sujeitos

Apesar da diretriz municipal de encerramento da oferta do Curso Normal de nível médio em suas escolas, houve uma delas que, num movimento reflexivo e resistente, assumiu para si a incumbência de manutenção do curso Normal, no que logrou êxito até hoje. O mesmo movimento de resistência, nas outras sete escolas, garantiu a continuidade do Ensino Médio, ao longo dos anos, apesar de diferentes investidas para a sua descontinuidade.

Furlanetto (2015) explica que as instituições escolares, normalmente, constituem um "Self grupal fruto da relação de diferentes atores". Esses indivíduos, a partir de suas tensões, conflitos e histórias individuais de vida, tecem a narrativa da história da instituição, e isso impacta de maneira direta nos processos formativos ali desenvolvidos. A autora afirma que essa identidade, abordada

---

2. A Lei 13415/2017 altera este artigo da LDB, devolvendo ao Normal de nível médio o status de formação inicial para a docência na Educação Infantil e anos iniciais do Ensino Fundamental.

por Dubar (2005; 2009), não possui estabilidade ou pode ser denominada como estática. Na sociedade contemporânea atual, ao contrário, é necessário reconhecermos que há diferentes modos de se constituir a identidade, tanto a pessoal como a profissional. Furlanetto acrescenta, ainda, sobre os estudos realizados por Dubar, que duas formas identitárias são organizadas a partir do outro: a comunitária e a societária.

> a comunitária, derivada da inscrição do indivíduo em uma linhagem que se traduz por seu nome e confere pertença a um grupo local e a uma cultura herdada, traduzida em língua, crenças e tradições; e a societária, definida por interações em sistemas instituídos tais como família, escola, grupos profissionais e Estado; implica um ego socializado e caracteriza-se pela assunção de papeis determinados. (Furlanetto, 2015, p. 62)

É essa constituição identitária societária que podemos reconhecer nas escolas que ofertam o Ensino Médio na capital paulistana e que iremos abordar de maneira mais detalhada em relação à EMEFM Professor Derville Allegretti (que nomearemos Derville a partir daqui), escola na qual fui coordenadora pedagógica entre os anos de 2011 e 2019, tendo me afastado para atuar como formadora na Secretaria Municipal de Educação de São Paulo, função que exerço no momento da escrita deste texto.

O Derville sempre foi uma escola singular. Foi a primeira a ofertar formação profissional em nível secundário, sendo essa inclusive a sua origem nos idos de 1968. Também foi uma das primeiras da Rede Municipal de Educação a oferecer o Curso Normal de nível médio, em 1982. Durante muitos anos, destacou-se das demais escolas da rede por seu tamanho (quantidade de turmas, estudantes e professores) e pela peculiaridade de diferentes ofertas educacionais: fundamental I, fundamental II, ensino médio, cursos técnicos profissionalizantes e o curso normal de nível médio. A constituição identitária da instituição escolar passou, ao longo dos anos, pela necessidade de dar voz aos anseios dos profissionais e dos estudantes ali matriculados, já que foram diversas as oportunidades em que, de alguma maneira, sentiram-se ameaçados em suas crenças e em suas pertenças, contribuindo assim para que se constituíssem, escola e profissionais, como resistentes. Em relação a isso, é possível reconhecer, nos profissionais que atuaram nessa escola, ao longo dos anos, as características de resistência contidas no verbete dos dicionários: "ato ou efeito de resistir; defesa contra uma investida; recusa do que é considerado contrário ao interesse próprio; não aceitação da opressão; qualidade de quem é persistente" (Michaelis, 2024).

Desde muito tempo, porém mais sabidamente desde a publicação da LDB e dos riscos nela envolvidos, as equipes gestora e docente que atuavam na EMEFM Professor Derville Allegretti exerceram seu papel de constituintes da identidade da escola, numa perspectiva de construção coletiva de uma narrativa institucional. Conscientes do seu papel enquanto instituição frente à comunidade atendida, esses profissionais atuaram firmemente contra quaisquer iniciativas de fechamento tanto do Ensino Médio quanto do curso Normal de nível médio. Essa atuação contribuiu significativamente não somente com a construção da identidade profissional de cada um desses sujeitos, mas também impactou de maneira inequívoca na construção da identidade da escola "Derville".

Foi esse movimento resistente e reflexivo que permitiu a continuidade do Ensino Médio nessa escola, assim como a manutenção do Curso Normal de nível médio que, após idas e vindas de documentações e registros, teve sua aprovação no ano de 2000. Nas palavras do professor, agora aposentado, Frederico Martins Scatena, em entrevista para a Revista Magistério:

> Ao término do ano de 1999, apresentamos a proposta de reformulação do Curso Normal de nível Médio da EMEFM Professor Derville Allegretti, que foi aprovado em âmbito municipal e encaminhado para o Conselho Nacional de Educação, obtendo aprovação para matrículas já a partir do ano de 2000, através do parecer CEB nº 01/99. Obtivemos também autorização do Conselho Municipal de Educação com o parecer CME nº 23/00. (Scatena, 2021)

De acordo com Furlanetto (2015), essa construção da história institucional é um processo formativo denso, a partir do momento em que a identidade da instituição traz as identidades individuais no seu bojo. O vivido de cada um dentro dessa escola traz à tona aquilo que ela (instituição) é e quer ser. "A instituição escolar, em vez de se configurar como um grupo de pertença que impõe uma determinada forma de pensar, pode abrir espaços reflexivos nos quais cada um pode contribuir com a construção do nós" (Furlanetto, 2015, p. 67).

Um espaço reflexivo, de acordo com o que é defendido por Alarcão (2001), que seja capaz de mudar a escola, e que esteja atrelado a um projeto próprio:

> Fruto da consciência da especificidade de cada escola na ecologia da sua comunidade interna e externa, assume-se hoje que cada escola desenvolva o seu próprio projeto educativo. Resultante da visão que a escola pretende para si própria, visão que se apóia na função da escola e é tanto mais comprometedora quanto maior for o nível de construção coletiva nela implicada, a missão específica de cada escola é definida, o seu projeto é delineado, os objetivos e as estratégias para atingi-lo são conceitualizadas. (Alarcão, 2001, p. 21)

O Derville é essa instituição que reconhece a própria especificidade, e veio desenvolvendo seu projeto educativo próprio ao longo dos anos. Principalmente os grupos de professores e gestores envolvidos com o Ensino Médio e o Curso Normal. Partindo do movimento de resistência pela manutenção do Curso Normal, e perpassando os movimentos formativos únicos desenvolvidos, ao longo dos anos, é possível reconhecer, na escola, e em seus integrantes, as marcas dessa história.

Narrativas entrelaçadas e a constituição identitária

Ser uma escola dentre as poucas ofertando o Ensino Médio sempre teve um preço alto. Por décadas, não houve, por parte da Secretaria Municipal de Educação, um investimento em movimentos formativos específicos, voltados a essa etapa da Educação Básica. Fomentava-se a formação continuada na Rede, mas não havia uma iniciativa central, ou mesmo regional, por parte das Diretorias Regionais de Educação (DREs), nos processos formativos desses profissionais que atuavam no Ensino Médio. Constituída por professores que permaneciam na escola por 18 a 20 anos, em média, ou seja, a maior parte de sua carreira, tornou-se necessário que, ao longo dos anos, houvesse um investimento da equipe gestora como promotora de uma formação específica. Algumas características específicas propiciavam tal investimento, pois era uma das poucas escolas da rede municipal que comportava a presença de um terceiro coordenador pedagógico, facilitando assim a dedicação de um deles, de acordo com seu horário de trabalho, à formação dos professores atuantes no Ensino Médio.

Nesse cenário, composto por professores altamente especializados e bastante resistentes à interferência externa e uma equipe gestora fortalecida, com a liderança de uma diretora com uma longa e sólida trajetória à frente dessa escola e suas batalhas, inicio meu percurso como coordenadora pedagógica no Derville. Tendo assumido o cargo no mês de abril de 2010, via concurso de acesso[3], e atuado por apenas oito meses em outra escola com atendimento ao Ensino Médio, a EMEFM Vereador Antonio Sampaio, usufruí de um direito garantido pela legislação municipal, a remoção[4], e passei a atuar no Derville a partir de janeiro de 2011.

Chegar a uma nova escola por si só já causa no coordenador pedagógico algumas dúvidas. Iniciar numa instituição reconhecida pela comunidade por sua excelência provocou altos níveis de ansiedade. Afinal, como coordenadora iniciante, eu estava cons-

---

3. O concurso de acesso destina-se a candidatos com cargo efetivo ativo na Prefeitura de São Paulo, e serve para provimento dos cargos de gestão (diretor, coordenador pedagógico ou supervisor escolar). É exigido do candidato, além de estar em efetivo exercício, a formação adequada e determinado tempo de experiência no magistério.
4. Remoção é o processo que ocorre anualmente, a partir do qual um servidor pode mudar de local de trabalho.

ciente dos vários "não-saberes" que permeavam meu fazer profissional. Fui recebida, porém, com muita abertura pela então diretora, sendo que seu único pedido foi de que eu me organizasse para atuar no horário da manhã, no qual estavam todas as turmas de Ensino Médio e do Curso Normal de nível médio, o que moldou a profissional que sou hoje.

Tardif (2002) afirma, em seu texto, que os saberes profissionais vão se formando e consolidando ao longo da atividade profissional, assim como estabelece uma relação importante entre o tempo, o trabalho e a aprendizagem dos saberes profissionais.

Os saberes profissionais dos professores parecem ser, portanto, plurais, compósitos, heterogêneos, pois trazem à tona, no próprio exercício do trabalho, conhecimentos e manifestações do saber-fazer e do saber-ser bastante diversificados e provenientes de fontes variadas, as quais podemos supor também que sejam de natureza diferente. (Tardif, 2002, p. 61)

É possível estabelecer a relação dos saberes construídos ao longo da minha atuação como Coordenadora Pedagógica no Derville a esse conceito elaborado por Tardif (2002). Chegar a essa escola com pouco conhecimento sobre o efetivo trabalho da coordenação e, principalmente, sobre as nuances dessa função junto ao Ensino Médio e ao Curso Normal, determinou a forma como me posicionei frente à direção e, mais adiante, ao grupo de professores. Entendi ser necessário, primeiro, compreender a história da instituição e dos sujeitos que a compunham, e isso fez com que minha atuação inicial nesse lugar fosse marcada pela escuta ativa de todas as narrativas que a constituíam. E foi ao longo dessas narrativas que compreendi as lutas travadas, até então, pela equipe atual e por todas as que a antecederam, tanto pela manutenção do Ensino Médio quanto do Curso Normal. É possível reafirmar o que diz Almeida (2015)

> Quando alguém é ouvido (e compreendido), isso traz uma mudança na percepção de si mesmo, por sentir-se valorizado e aceito. E, por sentir-se valorizado e aceito, pode apresentar-se

ao outro sem medo, sem constrangimentos. Por isso a relação empática está intimamente ligada à construção da identidade. (Almeida, 2015, p. 80)

Mas, a quais narrativas e lutas estamos nos referindo? Ao longo dos anos, desde a homologação da LDB, foram acontecendo inúmeras tentativas de supressão de ambos os cursos e, em todas elas, as equipes gestora e docente se posicionaram, batalhando pela sua continuidade. Em algumas dessas ocasiões, fortaleceram-se na união com as equipes de outras escolas municipais que ofertavam o Ensino Médio, e em outras, apenas o coletivo do Derville levantou as bandeiras nas quais acreditavam. Esse histórico de lutas e de defesa do que acreditavam me foi narrado pela direção, a princípio, e depois, pelo grupo de professores. Compreender o que esperavam do coordenador que os lideraria foi fundamental para que eu pudesse, de fato, integrar aquele grupo e dar início à minha própria narrativa naquele espaço.

Foram várias as aprendizagens mobilizadas nos horários coletivos de formação, numa via de mão dupla de ensino e de aprendizagem. Pudemos estabelecer uma relação de confiança e parceria, que determinaram a trajetória da minha carreira. Afinal, não conhecer o Ensino Médio ou o Curso Normal, e não ter o apoio dos órgãos centrais para minha própria formação foram a força motriz para a busca por conhecimento, num processo de autoformação voltada para subsidiar o percurso formativo dos professores.

Essa procura por bases teóricas foi acrescentando aos meus saberes o conhecimento aprofundado sobre temáticas que eram inerentes ao Ensino Médio, os quais mobilizei para a construção das pautas formativas dos horários coletivos de formação. Souza (2001) explica que, no movimento de constituição de um grupo, é importante que os professores percebam o envolvimento e a disponibilidade do coordenador pedagógico, assim como o planejamento intencional das atividades formativas e sua interlocução com o contexto de trabalho do próprio professor. Compreendendo o meu posicionamento frente às narrativas trazidas por eles, ou seja, percebendo que assumi a postura de caminhar e lutar ao seu lado, além de estar disposta a fortalecê-los teoricamente e a contribuir para a qualificação de suas práticas, o grupo de professores abriu espaço para que, efetivamente, eu ocupasse um lugar naquele coletivo, o que determinou qual seria meu foco de estudo ao longo dos próximos anos. Como afirma Placco (2011), "[...] é no processo de narrar o mundo em que se vive que se pode apreender os significados e sentidos de tais vivências para si e para o outro, com o outro." (Placco, Igari et al., 2011, p. 5)

Em resumo, a história e as vivências trazidas pelo grupo entrelaçou-se à narrativa que eu iniciava como Coordenadora Pedagógica, forjando a profissional que eu viria a ser.

O processo (auto)formativo de uma Coordenadora Pedagógica de Ensino Médio

Compreender o contexto no qual trabalha para, a partir dele, buscar as melhores estratégias que permitam uma boa trajetória formativa dos professores é um dos princípios para a atuação qualificada do Coordenador Pedagógico. No exercício da coordenação, é fundamental que esse profissional esteja atento tanto às necessidades formativas do grupo de professores quanto às suas próprias, O movimento de aprendizagem do coordenador pedagógico deve ser constante, e retroalimentado pelas diferentes demandas trazidas pelos docentes que trabalham sob sua responsabilidade.

Perez e Diaz (2023) explicam que, no movimento formativo do coordenador pedagógico, há duas dimensões que devem ser observadas. A primeira é a dimensão pessoal, ou seja, a busca individual por formação especializada por meio de cursos, palestras, livros etc. A outra é a dimensão coletiva, que pressupõe a socialização de conhecimentos entre diferentes profissionais, o que pode acontecer na própria escola, na troca com os professores, ou em encontros com outros profissionais da coordenação da mesma cidade, ou região, o que se mostra extremamente frutífero na troca de experiências e na busca por respostas.

No caso específico da minha formação enquanto coordenadora pedagógica do Derville, é possível afirmar que ela caminhou, por muitos anos, de maneira deficitária, pois não era possível contar com o contato com outros coordenadores pedagógicos. Não havia, por parte do órgão central, ou regional, uma formação que atendesse às especificidades do Ensino Médio. Eram realizados encontros formativos com os diferentes coordenadores das escolas da região, porém em nenhum deles havia propostas formativas que se debruçassem sobre as demandas específicas, já que, na região do Derville, há somente duas escolas que ofertam essa etapa da educação básica. A consequência disso foi o investimento na dimensão pessoal, ou seja, a busca individual por referenciais que pudessem garantir que eu conseguisse aprofundar meus conhecimentos em relação ao Ensino Médio.

Uma de minhas angústias, nos primeiros anos na coordenação do Derville, era o grande desconhecimento de minha parte em relação a algumas especificidades do Ensino Médio. Nunca havia atuado como professora nessa etapa da educação, o que me causava extrema insegurança. Como eu poderia coordenar um grupo de professores especialistas, versados em Física, Biologia, Sociologia etc., se não possuía conhecimentos específicos sobre esses componentes curriculares? Mais do que isso, de que maneira poderia direcionar suas ações pedagógicas, se não compreendia o processo de aprendizagem dos jovens ali matriculados?

Ser um Coordenador Pedagógico (CP) iniciante, independente da minha experiência como docente, trazia uma série de dúvidas. Eu tinha tido apenas oito meses de experiência, no ano anterior, e não considerava que tinha os saberes necessários para coordenar uma escola daquele tamanho. No meu ano de ingresso, era a responsável por coordenar cerca de 40 professores e 700 estudantes distribuídos em 24 turmas. A esse respeito, é possível retomar o que dizem Oliveira e Rocha (2021):

> [...] os primeiros passos do professor que adentra a função de coordenação podem acarretar uma miscelânea contraditória de sentimentos, os quais marcam o momento em que ele se depara com a nova realidade, e pondera-se que esse processo ocorre in-

dependente do tempo de experiência na docência que o professor possua. (Oliveira, Rocha, 2021, p. 74)

As autoras explicam ainda que esse início na função da coordenação exige o estabelecimento de vínculos e laços que possibilitem ao coordenador pedagógico atuar de maneira assertiva diante dos diferentes obstáculos que se colocarem à sua frente. Sabendo que o grupo de professores não desejava que eu tivesse uma postura de ruptura total com a história que me antecedia, optei por um movimento formativo pautado na escuta. Compreendi que o resgate dessa história, a partir das narrativas individuais de cada docente ali presente, e do seu entrelaçamento na constituição da história coletiva, como explica Furlanetto (2015), traria mais benefícios que qualquer inovação que eu tentasse fazer.

Foi através desse movimento dialógico com o corpo docente que consegui detectar que eles não esperavam que eu dominasse os conhecimentos específicos de cada componente, ou que apresentasse a eles inovações pirotécnicas que alterassem drasticamente seu modo de trabalhar. Na verdade, desejavam que trouxesse conhecimentos de legislação e das minúcias relativas à aprendizagem dos estudantes do Ensino Médio e da qualificação da prática docente, em busca da manutenção de uma qualidade de ensino pela qual a escola era reconhecida na região.

Gouveia e Placco (2015) discorrem sobre a importância da rede colaborativa e da formação em cadeia para qualificar a ação do coordenador pedagógico. De acordo com as autoras,

> As equipes técnicas (constituídas por formadores mais experientes) são responsáveis pela formação dos coordenadores e diretores escolares, e estes, por sua vez, são responsáveis pela formação dos professores. E todos são corresponsáveis pela qualidade da aprendizagem dos alunos. (Gouveia e Placco, 2015, p. 72)

Em um cenário ideal, bastaria buscar suporte nos órgãos regional ou central e solicitar o apoio em relação às demandas formativas detectadas. Porém, como já explicado anteriormente, por muitos anos não houve o investimento em formações específicas para o coordenador pedagógico do Ensino Médio. Com somente oito escolas (nove a partir de 2019), sendo que cada Diretoria Regional de Educação é responsável por apenas uma escola (salvo duas exceções, que possuem duas escolas), os órgãos regionais investiam na formação relacionada à massa de seus atendimentos, ou seja, a educação infantil e o ensino fundamental, ficando o Ensino Médio ao largo das ações formativas.

O percurso de minha formação, portanto, configurou-se como solitário e isolado. A procura por textos de referência para estudo se dava na internet, numa busca por embasamento teórico para a minha prática. Contrariando o recomendado na literatura, como em Gouveia e Placco (2015), pude contar somente com o movimento de autoformação por longos anos, mas arrisco dizer que essa foi outra marca importante na minha carreira, e que impactou de forma muito positiva o meu fazer, quando me encontrei em outro local de atuação que não a escola: a Secretaria Municipal de Educação.

A resistência reflexiva e a formação continuada

Formar um grupo composto por professores experientes e especializados é um ponto de insegurança para qualquer pessoa, quanto mais uma coordenadora iniciante, com pouca experiência na função, que ainda não havia adquirido clareza em relação às suas funções e que não contava com uma cadeia formativa.

A busca por compreender os contextos nos quais me encontrava foi imensa. Muitas leituras sobre o Ensino Médio, muita conversa com a diretora e os professores naquele primeiro ano. A diretora, em várias ocasiões, verbalizou que estava me preparando para assumir o seu lugar na luta pela manutenção tanto do Ensino Médio quanto do Curso Normal. Foram muitas as oportunidades nas quais me vi mergulhada em narrativas e cercada de teoria. Esse movimento, intenso, forjou a profissional que me tornei, já que fui obrigada a me especializar em ambos os assuntos para não falhar com aquele grupo de pessoas que tinha depositado em mim a sua confiança.

Nesse ponto é importante darmos à confiança a relevância merecida no processo de formação de professores e de constituição identitária desses sujeitos, pois, como nos explica Almeida (2019), a escola é um espaço voltado para a convivência, o conhecimento e a representação do mundo, e o estabelecimento dessa segurança depende "do seu acolhimento, dos vínculos que se preocupa em tecer, da compreensão e da abertura à experiência do outro" (Almeida, 2019, p. 21). Ao refletirmos sobre essa afirmação, poderemos enfim compreender o movimento formativo que se instaurou no Derville a partir de então.

Foram muitos anos, a partir desse primeiro contato, durante os quais fui me especializando nas temáticas pertinentes àquele grupo. A prática cotidiana trazia as dúvidas, as necessidades, e eu ia em busca de respostas. Nem sempre foram acertadas, porém isso era inerente ao processo de formação continuada. Paes (2018), em sua dissertação de mestrado, deixou pistas sobre as possibilidades trazidas por esse processo de refletir sobre a prática, teorizar, e aplicar o resultado disso em sua prática:

> [a escola] precisa pensar cotidianamente sobre si mesma, sobre sua missão e como se organiza para cumpri-la. É esperado que seja uma comunidade imbuída de um pensamento próprio, questionadora, contextualizada, auto-avaliativa; que conceba, reflita, projete e atue na direção da reconstrução, que repense a si mesma num ajuste diário entre teoria e prática, e a partir daí crie suas próprias regras e trace planos de ação em busca de contextos formativos tanto para alunos quanto para professores. Que seja uma organização aprendente, formada por profissionais reflexivos e em construção constante. (Paes, 2018, p. 21)

O grupo do Derville, no qual me incluo, tinha um objetivo comum. Desejávamos manter o Ensino Médio, fortalecê-lo, e o Curso Normal. Para isso, nos envolvemos em diversas batalhas ao longo da minha permanência. Para vencê-las, estudamos. Nossos argumentos, a cada vez que isso era necessário, estavam sempre ancorados na legislação ou em referenciais teóricos. Fomos construindo um coletivo fortalecido, e nos aprofundando em todas as temáticas que nos eram caras. Nos dizeres de Imbernón, "a formação dos professores influi e recebe influência do contexto em que se produz e, por sua vez, condiciona os resultados que podem ser obtidos." (Imbernón, 2010, p. 33)

No caso do Derville, o resultado foi um grupo reflexivo que, apesar das imperfeições, naturais em um coletivo tão heterogêneo em idade, formação inicial, tempo de experiência profissional, por estar inserido num contexto de questionamentos constantes quanto à sua própria existência, tornou-se um grupo de resistência.

No ano de 2016, ingressei no mestrado profissional da Pontifícia Universidade Católica (PUC-SP), no programa de Formação de Formadores, por meio de um convênio com a Secretaria Municipal de Educação, que beneficiou quarenta coordenadores pedagógicos efetivos. Ali tomei contato com algumas minúcias da função, e pude compreender meu lugar nessa cadeia formativa. Fui exposta a uma gama de novas aprendizagens, que ressignificaram minha atuação. Deixei de ser uma coordenadora pedagógica isolada, que buscava conhecimentos por si mesma, e passei a fazer parte de um coletivo, que qualificava minhas reflexões a partir das situações que eu trazia, das minhas experiências que, nas palavras de Larrosa (2002, p. 21), podem ser explicadas como "o que nos passa, o que nos acontece, o que nos toca. Não o que se passa, não o que acontece, ou o que toca."

Compreender o real papel do coordenador pedagógico como formador, articulador e transformador, a partir das aulas e da leitura dos referenciais teóricos indicados, permitiu que eu finalmente entendesse as melhores estratégias para qualificar a minha prática. A vivência da dedicação a um objeto de estudo que, desde o princípio, foi o Ensino Médio, mas, de uma maneira mais qualificada, com acesso a outros saberes, com espaço para discussões e, até mesmo, divagações, marcou e mudou completamente a minha prática. Ou, nos dizeres de Larrosa (2002), a minha experiência. O autor afirma que a experiência, para acontecer, necessita exatamente desse processo de pausa, e explica:

A experiência, a possibilidade de que algo nos aconteça ou nos toque, requer um gesto de interrupção, um gesto que é quase impossível nos tempos que correm: requer parar para pensar, parar para olhar, parar para escutar, pensar mais devagar, olhar mais devagar, e escutar mais devagar; parar para sentir, sentir mais devagar, demorar-se nos detalhes, suspender a opinião, suspender o juízo, suspender a vontade, suspender o automatismo da ação, cultivar a atenção e a delicadeza, abrir os olhos e os ouvidos, falar sobre o que nos acontece, aprender a lentidão, escutar aos outros, cultivar a arte do encontro, calar muito, ter paciência e dar-se tempo e espaço. (Larrosa, 2002, p. 25)

Por maior que seja o paradoxo, já que uma das marcas do mestrado costuma ser o pouco tempo disponível para a pesquisa, pois são dois anos muito intensos, foi exatamente ele que me permitiu parar, escutar, ver, ouvir e experienciar o Ensino Médio sob outro prisma. E esse novo olhar mudou minha forma de planejar e gerir a formação continuada do grupo de professores do Derville. Passei de uma coordenadora que respondia às necessidades formativas imediatas do coletivo docente a uma coordenadora que reconhecia em seu fazer as possibilidades formativas trazidas pelos movimentos de articulação e previa as demandas de formação que cada nova situação poderia trazer.

Os professores conseguiram identificar a mudança, e não se opuseram a ela. Pelo contrário, foi possível perceber uma maior consistência nos momentos de estudo coletivo. Não renunciamos à resistência, pelo contrário, nós a utilizamos como combustível para as ações e para as formações.

O contexto político e histórico também contribuiu. Estávamos, em 2016 e 2017, em plena efervescência da reforma do Ensino Médio. Paralelamente, ocorriam na Secretaria Municipal de Educação, pela primeira vez, encontros formativos voltados especificamente para um grupo de gestores e professores-referência do Ensino Médio sobre pautas específicas dessa etapa da Educação Básica. Nesses momentos formativos, foi possível, finalmente, conhecer cada uma das oito escolas que ofertavam o Ensino Médio, ouvir suas experiências, e aprender com elas. Foi junto a essa equipe, por exemplo, que começaram as discussões, por vezes acaloradas, sobre a legislação que reorganizava o Ensino Médio, a MP nº 746/2016, que, posteriormente, se transformou na Lei nº 13.415/17, e seus impactos em nosso sistema de ensino, numa tentativa de esboçar, antecipadamente, estratégias de resistência a algumas nuances dessa legislação que, em nossa opinião, seriam prejudiciais aos estudantes.

A proposta inicial desses encontros formativos era a multiplicação, junto aos demais professores, das discussões ali apresentadas. E dessa partilha surgiam, rotineiramente, propostas e reflexões acerca da própria prática da escola. Eu havia me tornado uma profissional mais reflexiva, que pensava sobre o que estava fazendo à luz do que estava estudando, e aplicava isso no meu próprio fazer. Ao trazer as discussões para os momentos formativos, era inevitável que o grupo de professores também passasse a refletir sobre o que estavam fazendo, sobre as possibilidades de qualificação de suas práticas pedagógicas, e sobre como poderiam agir frente às novas demandas que essas mudanças todas traziam. Nos dizeres de Alarcão (2005), "os professores têm de ser agentes ativos do seu próprio desenvolvimento e do funcionamento das escolas como organização ao serviço do grande projeto social que é a formação dos educandos".

A escola, então, passou a apresentar mudanças. Era visível que aquele grupo de professores, e a coordenadora que os orientava, estavam amadurecendo profissionalmente, e qualificando suas práticas. Isso era visível na qualidade das aprendizagens dos estudantes. Obviamente não havia perfeição, era possível detectar falhas e desacertos, mas até mesmo o processo de encontrar os equívocos e tentar buscar soluções para eles fazia parte do movimento reflexivo da instituição escolar. É possível ousar classificar o Derville como uma escola reflexiva, usando para isso a definição de Alarcão (2001):

> É uma escola que se assume como instituição educativa que sabe o que quer e para onde vai. Na observação cuidadosa da

realidade social, descobre os melhores caminhos para desempenhar a missão que lhe cabe na sociedade. Aberta à comunidade exterior, dialoga com ela. Atenta à comunidade interior, envolve todos na construção do clima de escola, na definição e na realização do seu projeto, na avaliação da sua qualidade educativa. Consciente da diversidade pessoal, integra espaços de liberdade na malha necessária de controles organizativos. Enfrenta as situações de modo dialogante e conceitualizador, procurando compreender antes de agir. (Alarcão, 2001, p. 26)

A resistência ao desaparecimento do Ensino Médio, à extinção do Curso Normal, a busca por estratégias que fortalecessem o coletivo escolar em torno desses objetivos e a constante necessidade de saber onde estávamos pisando e, com isso, de aprofundar os conhecimentos teóricos e legais acerca de todas as mudanças que estavam sendo desenhadas no cenário nacional, permitiram que esse coletivo de pessoas se tornasse coeso e preparado para lidar com os obstáculos. Esse fortalecimento enquanto grupo de profissionais docentes foi de extrema importância a partir dali, já que outras grandes mudanças se desenharam no horizonte dessa escola, e de sua coordenadora.

Os próximos capítulos, mas não a conclusão

O ano de 2020 foi marcante. Em diferentes níveis, e com diferentes nuances, mas de qualquer forma, marcou mudanças extremas.

Em janeiro daquele ano, iniciei exercício no, então, Núcleo Técnico de Currículo (NTC) da Secretaria Municipal de Educação (SME)[5]. O convite, feito ao término do ano anterior, teve como impulso a necessidade de se implementar, no decorrer de 2020, as mudanças referentes ao Novo Ensino Médio em âmbito municipal. Para aceitá-lo, era necessário que me afastasse de minha função como coordenadora, e passasse a trabalhar diretamente no órgão

---

5. A nomenclatura foi alterada no ano de 2023, passando a ser conhecido como Divisão de Currículo (DC).

central. Antes de tomar a decisão, consultei o grupo de professores. Afinal, havíamos estabelecido um relacionamento pautado pela confiança e pela transparência, e não seria justo decidir sozinha, já que minha aceitação traria novos impactos a eles. Novamente, num movimento de reflexão, de pensar além da realidade local, chegamos juntos à conclusão de que, estando na SME, eu poderia trabalhar em prol de todo o Ensino Médio, sempre alvo de tantas tentativas de apagamento, e estaria, indiretamente, agindo pelo bem da própria escola. Ainda seguindo o pensamento de Alarcão (2001), sobre o que define uma escola reflexiva,

> uma escola reflexiva, em desenvolvimento e aprendizagem ao longo da sua história, é criada pelo pensamento e pela prática reflexivos que acompanham o desejo de compreender a razão de ser da sua existência, as características da sua identidade própria, os constrangimentos que a afetam e as potencialidades que detém. Necessita ter uma visão partilhada do caminho que quer percorrer e refletir sistemática e cooperativamente sobre as implicações e as consequências da concretização dessa visão. (Alarcão, 2001, p. 26)

Com a anuência dos profissionais docentes, aceitei o convite, e passei então a olhar não só para o Ensino Médio e para o Curso Normal de uma única escola, mas para toda uma rede, agora composta por nove escolas. Naquele ano, fui responsável por organizar a escrita do primeiro documento curricular municipal para o Ensino Médio, a partir das discussões feitas em grupos de trabalho compostos por profissionais de todas as escolas. Concomitantemente, fui a responsável por propor a nova estrutura do ensino médio, a fim de atender à legislação federal que versava sobre isso.

O isolamento social causado pela pandemia de COVID-19 tornou mais complexa uma ação, por si só, desafiadora: era necessário propor mudanças para escolas que, grosso modo, estavam funcionando sem os estudantes, já que estes estavam em atendimento remoto. Mas a pandemia trouxe também a possibilidade de ampliação dos tempos e espaços para discussão e reflexão, já que agora o ambiente virtual era reconhecido, assim como a ampliação dos prazos legais para implementação das mudanças.

Essas possibilidades foram aproveitadas de forma ampla, trazendo para o centro da discussão, em um movimento formativo centralizado, a exemplo dos ocorridos entre 2015 e 2018, os coordenadores pedagógicos de todas as escolas envolvidas. O desenho das normativas, das orientações e das mudanças do Ensino Médio foi feito a muitas mãos, numa tentativa de que fosse o mais dialógico possível.

Também a definição dos Itinerários Formativos foi feita de forma participativa, com oferta de cursos optativos a todos os professores em exercício nas escolas de Ensino Médio. O resultado disso foi uma organização diferente de todas as outras redes, com possibilidades de aprofundamento nas áreas de conhecimento por meio de temáticas atuais e interessantes para os jovens.

O movimento formativo, iniciado em 2020, foi crescendo, e, no ano de 2024, compreende um percurso anual voltado para os professores das nove escolas, os coordenadores pedagógicos, diretores, supervisores e representantes da Divisão Pedagógica de cada Diretoria Regional de Educação que possua ao menos uma escola de Ensino Médio.

Também no ano de 2024, passa a ser ofertado o novo Itinerário de Formação Profissional – modalidade Normal, uma releitura do Curso Normal do Derville, com as devidas atualizações, a fim de que se integrasse ao Novo Ensino Médio, sem, contudo, perder a sua característica mais importante, que é a certificação com direito à docência, como preconizam as legislações federais e municipais que versam sobre o tema. Esse novo Itinerário poderá ocorrer em quaisquer escolas que disponibilizem o Ensino Médio no município, ampliando assim a oferta desse curso que foi praticamente extinto no Estado de São Paulo.

Concluo meu texto afirmando que o processo de mudança no Ensino Médio da capital paulistana não está finalizado. Há novas legislações federais sendo desenhadas, e provavelmente ensejarão outras alterações no município. Porém, ouso afirmar que foram vencidos alguns obstáculos importantes, e lançadas marcas indeléveis na Rede Municipal em relação a essa etapa da Educação Básica, fruto de uma ação reflexiva iniciada na escola, e ampliada para o coletivo de instituições com um interesse comum.

Importante ressaltar, aqui, a importância da formação continuada para a concretização de todas essas mudanças e, mais do que isso, a relevância de uma cadeia formativa para que os profissionais das escolas não se sintam isolados e apartados das políticas públicas.

Referências

ALARCÃO, I. *Escola reflexiva e nova racionalidade*. Porto Alegre: Artmed, 2001.

_____. *Formação reflexiva de professores: estratégias de supervisão*. Porto: Porto Editora, 2005.

ALMEIDA, L. R. A dimensão relacional no processo de formação docente: uma abordagem possível. In: ALMEIDA, L. R.; PLACCO, V. M. N. S. *O coordenador pedagógico e a formação docente*. São Paulo: Loyola, 2015, p. 78-88.

_____. A escola, espaço para conhecimento, convivência e representação do mundo. In: Placco, V. M. N. S.; Almeida, L. R. (org.) *O coordenador pedagógico e questões emergentes na escola*. São Paulo: Loyola, 2019, p. 9-25.

BRASIL. *Lei de Diretrizes e Bases da Educação Nacional* (LDB), 9394/1996.

_____. *Medida Provisória nº 746*, de 22 de setembro de 2016. Altera a Lei nº 9.394, de 20 de dezembro de 1996, que estabelece as diretrizes e bases da educação nacional. Disponível em: http://www.planalto.gov.br/ccivil_03/_ato2015-2018/2016/Mpv/mpv746.htm. Acesso em: 13 jun. 2024.

_____. *Lei Federal nº 13.415*, de 16 de fevereiro de 2017. Altera as Leis nos 9.394, de 20 de dezembro de 1996, que estabelece as diretrizes e bases da educação nacional. Disponível em: http://www.planalto.gov.br/ccivil_03/_ato2015-2018/2017/Lei/L13415.htm. Acesso em: 13 jun. 2024.

DICIONÁRIO MICHAELIS online. Disponível em https://michaelis.uol.com.br/palavra/OKRxL/resistir/". Acesso em: 05 jul. 2024.

FURLANETTO, E. C. A recuperação da história de vida da instituição: um projeto de formação. In: ALMEIDA, L. R.; PLACCO, V. M. N. S. *O coordenador pedagógico e a formação centrada na escola*. São Paulo: Loyola, 2015, p. 59-68.

GOUVEIA, B.; PLACCO, V. M. N. S. A formação permanente, o papel do coordenador pedagógico e a rede colaborativa. In: ALMEIDA, L. R.; PLACCO, V. M. N. S. *O coordenador pedagógico e a formação centrada na escola*. São Paulo: Loyola, 2015, p. 69-80.

IMBERNÓN, F. *Formação Continuada de Professores*. Porto Alegre: Artmed, 2010.

LARROSA, J. Notas sobre a experiência e o saber de experiência. *Revista Brasileira de Educação*, Campinas, jan./fev./mar. 2002, p. 20-29. Disponível em: https://www.scielo.br/j/rbedu/a/Ycc5QDzZKcYVspCNspZVDxC/?format=pdf&lang=pt. Acesso em: 08 jul. 2024.

MOREIRA, D. *Formação continuada em Jornada Especial Integral (JEIF), nas visões de professores e coordenação pedagógica de curso de magistério no ensino médio da EMEFM Derville Allegretti*. Tese (Doutorado em Educação) - Pontifícia Universidade Católica de São Paulo, São Paulo, 2022.

OLIVEIRA, A. C. D.; ROCHA, S. A. D. Ritos de passagem de professor iniciante a coordenador pedagógico: alteridade e solidariedade. In: ALMEIDA, L. R.; PLACCO, V. M. N. S. *O coordenador pedagógico e as relações solidárias na escola*. São Paulo: Loyola, 2021, p. 65-82.

PAES, L. *O trabalho com projetos no Ensino Médio: Possibilidades Formativas*. Dissertação (Mestrado em Educação) - Pontifícia Universidade Católica de São Paulo, São Paulo. 2018.

PEREZ, T.; DIAZ, P. *Coordenação Pedagógica: identidades, saberes e práticas*. São Paulo: Moderna, 2023.

PLACCO, V. M. N. S.; IGARI, C. et al. *Movimentos Identitários e a formação de professores*. 25º Simpósio Brasileiro e 2º Congresso Ibero-Americano de Política e Administração da Educação (site ANPAE). São Paulo: ANPAE, 2011. Disponível em: https://anpae.org.br/simposio2011/cdrom2011/trabalhosCompletos01.htm. e https://anpae.org.br/simposio2011/cdrom2011/PDFs/trabalhosCompletos/comunicacoesRelatos/0536.pdf. Acesso em 13 jul. 2024.

SCATENA, F. M. Magistério - uma história de resistência. *Magistério*, n. 12, São Paulo, 2021, p. 79-80. Disponível em: https://acervodigital.sme.prefeitura.sp.gov.br/wp-content/uploads/2021/07/Revista-Magiste%CC%81rio_12_EM_web.pdf. Acesso em: 08 jul. 2024.

SOUZA, V. L. T. O coordenador pedagógico e a constituição do grupo de professores. In: ALMEIDA, L. R.; PLACCO, V. M. N. S. *O coordenador pedagógico e o espaço da mudança*. São Paulo: Loyola, 2001, p. 27-34.

TARDIF, M. *Saberes docentes e formação profissional*. Petrópolis: Vozes, 2002.

Edições Loyola

editoração impressão acabamento

Rua 1822 nº 341 – Ipiranga
04216-000 São Paulo, SP
T 55 11 3385 8500/8501, 2063 4275
www.loyola.com.br